LES 100 ANS DES COMPAGNIES MOTOCYCLISTES

Patrouille dans Paris en 1970, moto BMW R60 attelée à un side-car. © PRÉFECTURE DE POLICE

Éditorial

À l'occasion de leur centenaire, je suis heureux de vous présenter les compagnies motocyclistes de l'agglomération parisienne, rassemblées au sein de la division régionale motocycliste de la préfecture de Police. Vous découvrirez la spécificité et l'évolution de leurs missions depuis 1920, la sélectivité de leur recrutement, de même que les progrès techniques de leurs machines, toujours plus performantes et mieux adaptées aux réalités du terrain.

Je tiens à saluer ici l'engagement total et permanent de nos motocyclistes en matière d'escortes sanitaires, au quotidien comme en période de crise, de lutte contre l'insécurité routière, de lutte contre la délinquance ainsi que leur exceptionnelle capacité d'adaptation, telle qu'elle s'est exprimée lors de la récente mise en place des BRAV-M, dédiées au maintien de l'ordre.

Nos policiers motocyclistes sont aussi garants de la sécurité des déplacements et voyages officiels, ce qui contribue depuis toujours au prestige de leur métier pas comme les autres.

C'est donc avec une vigueur toute particulière que je tiens à célébrer cet anniversaire, tout en vous invitant, chers lecteurs, à parcourir ce numéro de *Liaisons* richement illustré qui leur est consacré.

Didier Lallement,
Préfet de Police

Liberté • Égalité • Fraternité
RÉPUBLIQUE FRANÇAISE

MINISTÈRE DE L'INTÉRIEUR

PRÉFECTURE DE POLICE

Directrice de publication
Laetitia Vallar

Coordination
Bérangère Goupil,
Stéphane Stépien,
David Lolo

Rédactrice en chef
Agnès Canavélis

Rédacteur
Stéphane Benaïm

Conception graphique et mise en page
Delphine Askienazy

Documentation
Stéphanie Faiola

Photos
Service de la communication
Carlos Rodrigues,
Dominique Venière,
Manuel Chastanet

Service de la mémoire et des archives culturelles
Photos d'archives

Ministère de l'Intérieur
J. Rocha, D. Mendiboure,
F. Pellier

Iconographie
Agnès Canavélis,
Delphine Askienazy,
Stéphane Benaïm

Diffusion interne
Unité « événementiel »

Conception et réalisation
Service de la Communication
1 bis, rue de Lutèce
75195 Paris cedex 04

Rédaction
ppcom-liaisons@interieur.gouv.fr

Impression
Direction de l'information
légale et administrative
Tirage : 30 000 exemplaires
N° de commission
paritaire : 0211BO7717
ISSN : 1165-9831
ISBN : 978-2-11-157191-4

La documentation Française

Édition et diffusion
Direction de l'information légale et administrative
La Documentation française
https://www.vie-publique.fr/publications

SOMMAIRE

100 ANS DE BITUME 8

Compagnies motocyclistes, 100 ans de bitume 10

PORTFOLIO D'HIER À AUJOURD'HUI 30

EN SELLE AVEC LES COMPAGNIES MOTOS 47

INTERVIEW > PAUL-ANTOINE TOMI, CHEF DE LA DIVISION RÉGIONALE MOTOCYCLISTE 48

Tenues de sortie 50

REPORTAGE > 24H À LA DIVISION RÉGIONALE MOTOCYCLISTE 51

> ESCORTES

• La traversée de paris 52

• Rencontre avec le professeur Pierre Carli, chef du SAMU de Paris 54

• Sous haute sécurité 56

> MAINTIEN DE L'ORDRE

• Braver les éléments violents 60

• Rencontre avec Joanna Silvestri, policier motocycliste et Mickaël Seignovert, gardien de la paix en compagnie d'intervention 62

> CONTRÔLES ROUTIERS, DEMANDEZ LE PROGRAMME ! 65

LA COMPAGNIE DE CIRCULATION ET DE SÉCURITÉ ROUTIÈRES 92 67

LA COMPAGNIE DE CIRCULATION ET DE SÉCURITÉ ROUTIÈRES 93 68

LA COMPAGNIE DE CIRCULATION ET DE SÉCURITÉ ROUTIÈRES 94 69

UNE FORMATION EXIGEANTE 70

LES INSOLITES DE LA COMPAGNIE MOTO 72

Patrouille sur les berges de Seine dans les années 1970, motos BMW R60/2. © PRÉFECTURE DE POLICE

100 ANS DE BITUME

Créé en 1920 pour faire face à l'explosion du nombre d'automobiles à Paris et à un trafic de plus en plus dense, le service des policiers motocyclistes n'a, depuis, jamais cessé de monter en puissance en adaptant ses missions et équipements aux évolutions de la société française.

Ce chapitre révèle le côté pittoresque de ce service à travers d'étonnants documents et photos d'archives, la présentation de son légendaire siège de la rue Chanoinesse, sur l'Île de la Cité à Paris, ou celle de son incroyable équipe d'acrobatie motocycliste, aujourd'hui disparue.

COMPAGNIES MOTOCYCLISTES
100 ANS DE BITUME

PAR AGNÈS CANAVÉLIS

Les embarras de circulation au début du 20e siècle à Paris.
© PRÉFECTURE DE POLICE

Au tournant du 20e siècle, l'industrie automobile vit son âge d'or. Plusieurs firmes, comme Panhard et Levassor ou Peugeot, mettent au point les premières voitures à pétrole qui s'illustrent dans des épreuves sportives et sont bientôt représentées au premier salon de l'auto : en 1898, sur la terrasse des Tuileries, 77 constructeurs exposent leurs modèles. L'automobile devient l'objet de toutes les convoitises. Le parc français compte alors 4 500 véhicules, auxquels s'ajoutent 10 000 motocyclettes. La motorisation a le vent en poupe et l'engouement des Français pour l'automobile explose au fil des progrès techniques, qui permettent notamment d'en accroître la vitesse. En 1909, le cap des 200 kilomètres heure est franchi. Les Français s'équipent de plus en plus : 2000 voitures circulent dans la Capitale en 1900, un chiffre qui atteindra 500 000 en 1939. En 1913, les déplacements en auto sont multipliés par 7 par rapport à 1870 !

La circulation croissante fait naître une véritable problématique de sécurité routière, dont s'empare rapidement la préfecture de Police, créée en 1800 pour protéger les citoyens dans tous les domaines. La surveillance de la circulation était, certes, déjà une préoccupation de longue date pour la préfecture de Police, illustrée par la création, en 1829, d'un service des voitures chargé de surveiller l'application des différents règlements par les véhicules, pour la plupart à l'époque tirés par des chevaux. Mais avec l'arrivée de l'automobile à la fin du 19e siècle, ses effectifs

* bandes criminelles sévissant à Paris dans les années 1900.

sont largement étoffés et passent à 160 gardiens de la paix en 1892 puis à 210 en 1901. Le préfet de Police Louis Lépine les dote d'un bâton banc et d'un sifflet. En 1893, il publie aussi une longue ordonnance sur le fonctionnement de la circulation des « véhicules à moteur mécanique » qui sera complétée par d'autres textes au fil des décennies, dont l'ordonnance sur la circulation du préfet de Police Morain (1925). Progressivement, l'espace urbain est équipé de sens uniques et giratoires en 1907, de feux tricolores à partir de 1922 et de passages « cloutés » pour la traversée des piétons dès 1925. Des guérites, que certains surnomment les cocottes-minutes, sont installées aux principaux carrefours parisiens, notamment au rond-point des Champs-Elysées ou devant la Madeleine.

DES MOTOS POUR LA POLICE PARISIENNE Parallèlement à toutes ces actions destinées à améliorer la sécurité routière, les performances croissantes de l'automobile imposent une réponse policière adaptée. En 1920, sous l'impulsion du préfet de Police Fernand Rault, est créé un embryon de service motocycliste composé au départ de 9 gardiens de la paix sélectionnés par concours et dotés de motos françaises Blériot. L'année suivante, celles-ci sont remplacées par les douze engins de marques américaines Indian et Harley-Davidson achetés par la préfecture de Police, attelables à des side-cars. La moto s'avère en effet un véhicule peu encombrant, souple et capable de s'infiltrer dans le flot de la circulation pour contrôler les conducteurs. Couplée à un side-car, elle peut aussi transporter deux policiers sur un point d'intervention. La moto est elle aussi née de l'avènement du moteur à explosion. Ses premiers modèles sont apparus à la fin du 19e siècle en même temps que les voitures, et sont parfois fabriqués par les mêmes constructeurs.

Les premiers motocyclistes de la préfecture de Police évoluent sur des engins de marque Blériot, du nom de l'auteur de la première traversée de la Manche en avion en 1909, Louis Blériot. Celui-ci débute dans l'industrie automobile en fabriquant des phares en acétylène. Durant la Première guerre mondiale, il construit également un grand nombre d'avions pour l'armée, mais doit trouver une reconversion à la fin du conflit. Outre la reprise des phares auto, il recentre alors ses activités sur les bateaux et la moto. Au salon de l'automobile en 1919, il présente une gamme de deux motos très novatrices, la B20 tourisme et la B20 sport, toutes deux accompagnées de side-cars. Mais, trop chères pour l'après-guerre et tardivement commercialisées, ces motos cesseront rapidement d'être fabriquées. © DR

Les premiers motocyclistes en 1920 sur des Harley Davidson.
© PRÉFECTURE DE POLICE

Au départ, les policiers motocyclistes sont intégrés à la toute nouvelle « Section des gardiens de la paix conducteurs » créée en 1919 pour mettre à la disposition des services de police des voitures avec chauffeur. Cette unité deviendra successivement le « service automobile » en 1926, les « services techniques automobiles » en 1933 puis, en 1941, une « direction des services techniques » à part entière.

A l'exception de quelques motards affectés aux contrôles de la pollution et du bruit émis par les pots d'échappements des véhicules relevant de la nouvelle direction des services techniques, la plupart des motocyclistes relèveront par la suite directement de la direction de la police municipale de la préfecture de Police, chargée de toute la sécurisation de la voie publique.

1920: la préfecture de Police obtient douze motocyclettes

Extrait du rapport du conseil municipal du 22 décembre 1919, au cours duquel le préfet de Police Fernand Rault demande du matériel automobile et douze motocyclettes pour la préfecture de Police.

«...La motocyclette peut rendre d'autres services. Munie d'un side-car et d'un système de blocage pour empêcher les vols, elle permettrait de répondre instantanément à toutes les requisitions en transportant rapidement sur les points d'un district, par exemple, deux gardiens qui pourraient être aidés, s'il le fallait, par le conducteur.
Elle faciliterait également, à l'aide d'un dispositif spécial, l'évacuation rapide sur un hôpital d'un blessé ou d'un malade. Enfin, les motocyclistes doubleraient les rondes cyclistes en parcourant plus fréquemment toutes les voies du district.

Le nombre de motocyclettes et des side-cars nécessaires serait:
12 motocyclettes;
12 side-cars...»

Deuxième projet de délibération, conseil municipal de la Ville de Paris.

«Le Conseil,
«Vu le mémoire déposé le 23 décembre 1919 par M. le Préfet de Police;
«Sur le rapport (Imp. n°125 de 1919) présenté par M. Emile Massard, au nom de la 2e Commission,

«Délibère:
«Article premier. - M. le Préfet de Police est autorisé à acquérir, pour les besoins des services de police, 12 motocyclettes, 12 side-cars, 6 voitures de tourisme, 17 camionnettes, 3 camions et 1 voiture cellulaire.

« Art. 2. - Le crédit prévu au chap. 12 art. 16, du budget de la Préfecture de police, pour l'exercice 1920, est de 2,177,300 francs, dont 990,000 francs pour acquisitions nouvelles.

« Art. 3. - M. le Préfet de Seine est invité à faire étudier la désaffectation du marché des Carmes et sa transformation en un garage pour les voitures de la Préfecture de police.»

Pour fluidifier la circulation, la préfecture de Police teste plusieurs dispositifs. Parallèlement à l'arrivée des premiers motards à Paris, elle créée une police montée à cheval dont l'utilité s'avérera toutefois limitée car il n'est pas évident pour un cavalier de verbaliser sans descendre de sa monture. Le coût d'entretien de cette compagnie équestre et l'arrivée des feux de signalisation auront raison du binôme homme/équidé, qui disparaîtra définitivement en 1937 pour cette mission. © PRÉFECTURE DE POLICE

LE SUPPLÉMENT ILLUSTRÉ
du Petit Journal

La police parisienne se modernise

Montés sur des side cars, les agents surveillent les faubourgs de la capitale.

Illustration du supplément du *Petit Journal* daté du 12 décembre 1920. © GALLICA

Les policiers à moto ont pour mission de surveiller les automobilistes sur le territoire de compétence du préfet de Police qui comprend alors Paris et l'ensemble du département de la Seine ainsi que trois communes de Seine-et-Oise et de leur dresser des contraventions si nécessaire. D'autres fonctions incombent aux policiers à moto, comme les escortes officielles - cette fonction protocolaire, propre à honorer et à protéger les personnalités, est l'apanage des policiers à moto-, les patrouilles et le contrôle des véhicules.

En 1930, le service motocycliste prend de l'ampleur avec un effectif de 20 gardiens de la paix qui sont de plus en plus familiers aux Parisiens avec leur allure sportive, leurs vêtements de cuir et leur casquette aux armes de la Ville de Paris. La presse de l'époque en livre une image flatteuse, rappelant qu'ils travaillent jour et nuit. Elle décrit l'éventail de leurs missions à travers le récit d'affaires parfois rocambolesques. Celles-ci mettent en lumière leur aptitude à se faufiler entre les files de voitures pour repérer les chauffards, à pourchasser des fuyards qui refusent de se soumettre au contrôle des papiers, pour découvrir au final que ces derniers roulent dans une voiture volée ou chargée d'un gros butin récemment dérobé ! En 1936, un article de *Paris-midi* loue la discrétion, l'allure et la puissance de ces agents qui veillent en permanence sur la sécurité des citoyens. Dans *Le Matin* du 9 juin 1940, on peut lire que le service des gardiens motocyclistes est très « difficile et varié » : « *Non seulement ils surveillent les routes avec les gardes mobiles, poursuivent les indésirables, procèdent à de dangereuses arrestations, mais encore ils escortent les convois de numéraires des banques, des perceptions et assurent la protection des hauts personnages français et alliés* ».

L'équipement toujours croissant des citoyens en voitures (on compte 500 000 véhicules en circulation en 1939) entraîne une montée en puissance du service motocycliste. Le nombre de ses pilotes passe à 50 en 1936, 80 en 1938, 200 en 1948, 300 en 1951 puis 417 en 1960. Parallèlement, pendant toute cette période, le service s'équipe de plus en plus en motos « solo » et délaisse les side-cars, qui ne seront qu'au nombre de 18 en 1968. Les engins, eux, sont de plus en plus performants. Si au départ les motos souffrent de freins et de suspensions défaillants et sont dotées d'un embrayage au pied avec changement de vitesse par levier à droite du réservoir entraînant des chutes très fréquentes, le matériel évolue. Au fil des décennies, le parc passe progressivement des Harley Davidson et de la Dresch française des débuts aux puissantes américaines et allemandes de marques Triumph et BMW, à partir des années 1960 (voir page 33).

5

POLICE MOTORISEE

Centaures puissants et vigiiants les agents motocyclistes veillent jour et nuit sur notre sécurité

Pourtant c'est tout juste si « l'homme de la rue » les remarque, tant ils sont discrets et rapides

Le cinéma américain qui tarit rarement d'éloges sur les réalisations américain, nous donne des images constantes et résolument enthousiastes des agents motocyclistes américains. Ce ne sont que sirènes faisant devant eux un vide respectueux, virages sur les « chapeaux de roue », coups de frein geignants et figures acrobatiques, chasses, poursuites, sommations, coups de feu...

Mais que font donc, pensez-vous, les motocyclistes de chez nous ? Notre cinéma ne les magnifie pas — au fait, que magnifie-t-il? — nos journaux en parlent peu et, lorsqu'on les voit passer ils sont silencieux, rapides et discrets, on dirait presque fantomatiques.

Des fantomes qui ont de l'allure, il faut l'avouer, et qui chatouillent agréablement le cocardier qui sommeille toujours en nous ; puissants, sobrement habillés, strictement casqués, ils montent des machines souples et terriblement vites, les fameuse 9 CV de l'année. Leur deux-cylindres les tient tous à 125 et quelques-uns à 140 ; avis aux amateurs de sport.

Qui sont-ils, d'où sortent-ils, que font-ils ? Toutes questions que jé suis allé poser au commissaire Belvoisin, directeur des services automobiles et motocyclistes de la préfecture de police.

Au quartier général des motocyclistes

Boulevard de l'Hôpital. Un garage de quatre étages d'où sortent sans arrêt voiturettes de surveillance, cars d'agents et ces « motards » qui nous intéressent.

Au premier, quelques lueurs sobres et le très jeune et très aimable commissaire : un peu plus de trente ans, des épaules, un brevet de pilote d'avion dans le portefeuille et quelques avions sous verre aux murs. Le chef qu'il faut ici, à n'en pas douter.

— Qui sont-ils ? Des gardiens de la paix « plutôt sport » ayant moins de dix ans de services et plus de cinq ans de fonctions, c'est-à-dire encore jeunes et connaissant bien leur métier de policier.

— Vu. Vous leur faites passer un examen ?

— Dites un concours. Quand nous avons besoin d'agents motocyclistes il s'en présente 23 pour 1 poste, 25 sont déjà qualifiés pour leurs aptitudes physiques et professionnelles.

— Alors ?

— On leur donne une de nos motos comme joujou et un étagé de garage comme autostrade. Laissez-moi vous dire que le parcours que nous leur imposons est assez délicat et que nous sommes assez difficiles sur la manière dont ils l'affrontent.

— Je m'en doute. Pratiquement, pour manier adroitement et souplement ces lourds engins il faut déjà être un motocycliste éprouvé ?

— Naturellement. Voilà notre agent devenu motocycliste, casqué, botté, assez fier de sa tenue et de la moto qu'on lui a personnellement confiée et qu'il soignera et montera seul. Quelles sont ses attributions ? C'est, ne l'oubliez pas, un policier *municipal* : il n'est ni gendarme, ni garde mobile; il ne peut pas quitter le département de la Seine. Il remplira donc des fonctions municipales de surveillance, de répression et d'escorte.

— Bien. Surveillance ?

L'effectif

— Ils sont soixante — deux équipes de jour, une équipe de nuit — toujours allant au moins par deux. On leur donne chaque jour un parcours, par exemple d'ici au pont de Sèvres, dont ils ne doivent pas, normalement s'écarter, et sur lequel ils sont libres d'aller : surveilance de la rue et de la route. Souimportant et ils observent. Voulez-vous vent ils vont se poster à un carrefour quelques exemples ?

— Volontiers.

— Notez d'abord qu'ils ont l'œil de leur métier, et que rien ne leur échappe des anomalies de la circulation. Cette voiture a ses numéros maculés de boue ; le conducteur fait remarquablement crier ses vitesses et tâtonne visiblement ; coup de sifflet. Il accélère : cas classique et toujours puéril d'affolement chez un monsieur dont la conscience est trouble. Donnons-lui deux cents mètres pour être rejoint, cinquante pour être stoppé. Naturellement, il n'a pas son permis de conduire et la voiture est volée. Ce genre d'arrestation est extrêmement fréquent.

— Amusant.

— Autre chose : deux agents patrouillent au bois de Boulogne, roulant au ralenti. Ils entendent soudain un choc, y courent et trouvent une voiture sur le dos et un homme sur le ventre, très proprement tué. Au loin, une lumière rouge qui file. Et le chauffard, bientôt rejoint, avoue en pleurant qu'il est l'auteur de l'accident et que la solitude nocturne l'avait poussé à s'enfuir.

Un cas sportif

» Tenez, un cas plutôt sportif : deux agents postés à un porte de Paris repèrent une voiture boueuse et qui s'engage sur les boulevards extérieurs après un virage à réveiller tout le quartier. En selle ! Se voyant suivie, la voiture accélère, en vain naturellement. Au coup de sifflet, une main sort, une main bien armée qui crache des balles ; ça prend tournure. Pendant qu'un agent continue à la serrer de près, l'autre la double en trombe et va se mettre en travers de la route. Menottes, inventaire rapide de la voiture — volée — : un riche butin de cambrioleurs qui venaient d'opérer en banlieue.

— Tout cela ressemble beaucoup à la répression.

— Parce que je vous donne les cas les plus typiques. Le plus souvent, ayant affaire à des chauffeurs honnêtes mais simplement un peu fous-fous, ils se contentent d'une réprimande ou d'un rappel au Code de la route. Ils verbalisent d'ailleurs assez peu, sauf, naturellement...

— Naturellement. Et les escortes ?

Les escortes

— Il en faut beaucoup, escortes présidentielles ou déplacements de troupes. De même qu'ils collaborent fréquemment, et efficacement, au service d'ordre dans les manifestations, où on leur donne notamment des missions d'estafette ».

Nous quittons le bureau pour gagner le garage. Une trentaine de motos parfaitement entretenues y attendent leur titulaire,au repos. Quelques hommes les soignent avec amour, cet amour minutieux et patient qu'on donne rarement aux humains ; mais ces machines sont leur orgueil et leur raison de vivre ; et ces as de la route, amoureux de ses traîtrises, de ses dangere et de ses joies pensent souvent avec mélancolie au moment ou, trop « vieux » pour leur dur métier, ils redeviendront simples piétons à quelque carrefour sans fantaisie.

Pierre Voisin.

PLACE RODIN UN CYCLISTE EST TUE PAR UNE AUTO

Place Rodin, le cycliste Baruch, âgé de 15 ans, demeurant 13, rue de Dantzig, a été renversé par une automobile conduite par M. René Ordinaire, 9, rue Pierre Ducreux ; transportée à l'hôpital Boucicaut, la victime y est décédée des suites de ses blessures ; son corps a été envoyé à l'Institut médico-légal aux fins d'autopsie, par M. Morin, commissaire de police du quartier d'Auteuil.

UNE NEURASTHENIQUE SE JETTE PAR LA FENETRE RUE DES COURONNES

Au cours d'une crise de neurasthénie, Mme Marie Léon, âgée de 48 ans, s'est jetée par la fenêtre de son appartement situé au 4e étage de l'immeuble, 82, rue des Couronnes ; la désespérée a été tuée sur le coup. Le commissaire de police du quartier de Belleville procède à une enquête.

***Paris-midi* du 23 septembre 1936.**

Véhicule radio donnant des instructions à un motocycliste en Harley Davidson, entouré de collègues en Gnome et Rhône (1932). © PRÉFECTURE DE POLICE

Escorte de la reine de Hollande (1950). © PRÉFECTURE DE POLICE

Le siège du service motocycliste

Le service motocycliste est installé au départ dans le premier garage central de la préfecture de Police, aménagé sur le site de l'ancien marché des Carmes, dans un vaste bâtiment du boulevard Saint-Germain mis à sa disposition par la Ville de Paris. Cet espace rassemble en un seul lieu toutes les voitures de la préfecture de Police. C'est lui qui accueille les premières motos du service des motocyclistes.

Avec l'accroissement de ses effectifs, le service motocycliste est par la suite transféré au 64, boulevard de l'Hôpital dans le 13e arrondissement, dans le nouveau garage central de la préfecture de Police chargé de fournir, d'entretenir et de réparer les véhicules à quatre roues et les motos.

En 1945, les 180 motocyclistes intègrent un site plus vaste et plus central. Avec leurs engins, ils investissent les 3 600 mètres carrés du 18-20 rue Chanoinesse dans le 4e arrondissement, sur l'Île de la Cité. Cette situation au cœur de Paris leur offre une plus grande rapidité d'intervention sur tout le territoire de la préfecture de Police.

Patrouilles sortant du siège des compagnies motocyclistes dans les années 1970, motos BMW R60/2. © PRÉFECTURE DE POLICE

À l'ombre de Notre-Dame de Paris

La rue Chanoinesse date de l'époque mérovingienne, bien avant la construction de la cathédrale Notre-Dame, en 1163. Elle était la principale artère du cloître Notre-Dame, quartier religieux clos fondé en 911. Séparant le clergé du reste de la ville, délimité par de grands murs, il était fermé par de lourdes portes que ne pouvait franchir aucune personne étrangère à la communauté religieuse, c'est-à-dire ni les artisans, ni les ouvriers, ni les femmes, sauf celles qui avaient la fonction de garde-malade. Fermé la nuit, il abritait les 46 maisons des chanoines rattachés au diocèse et chargés d'enseigner la religion dans les toutes premières écoles de théologie créées dans ce quartier au 11e siècle. Il contenait également une église édifiée au 9e siècle et d'autres bâtiments à usage collectif comme le chapitre, composé d'une salle où les religieux se rassemblaient quotidiennement, d'une bibliothèque et d'un lieu d'archives. Après la construction de la cathédrale Notre-Dame, les chanoines sont intégrés à la célèbre École cathédrale de Paris, où ils enseignent la théologie et qui est liée à la cathédrale Notre-Dame et réputée dans la France entière pour sa maîtrise des Ecritures Saintes. Au sein du cloître Notre-Dame, les maisons se transmettent de chanoine en chanoine. L'actuelle rue Chanoinesse a d'ailleurs conservé l'une de ces demeures – construite en 1512 – au numéro 24. En 1874, la petite rue Chanoinesse absorbe une portion de l'ancienne rue des Marmousets, partiellement détruite lors de la construction de l'Hôtel-Dieu en 1867. A cette époque, aux numéros 18-20 (future adresse du service motocycliste) se dresse encore la tour Dagobert, construite au 15e siècle et flanquée à son sommet d'un fanal indiquant l'emplacement du port Saint-Landry, aménagé sur la Seine toute proche. La tour est détruite en 1908, année de la construction de l'immeuble qui doit alors servir d'entrepôt au Bazar de l'Hôtel de Ville*, ouvert en 1856 sous le nom de « Bazar Napoléon ». Réquisitionné par les Allemands pendant la seconde guerre mondiale pour servir de dépôt d'armes, ce bâtiment est affecté à la préfecture de Police en 1945, date à laquelle il accueille les 180 policiers du service motocycliste.

* Des rails sont d'ailleurs restés incrustés dans le sol au siège des compagnies motocyclistes.

La rue Chanoinesse sur l'Île de la Cité à Paris, vers 1865. A cette date, elle n'a pas encore absorbé une portion de l'ancienne rue des Marmousets, détruite en partie lors de la construction de l'Hôtel-Dieu. C'est dans cet ancien quartier religieux situé à deux pas de la cathédrale Notre-Dame, au cœur de Paris, qu'emménageront les motards de la préfecture de Police 80 ans plus tard, en 1945. © PRÉFECTURE DE POLICE

Tour dite de Dagobert, rue Chanoinesse. © PRÉFECTURE DE POLICE

Une légende sanglante
l'égorgeur de la rue Chanoinesse

Au siège des compagnies motocyclistes, le récit d'un fait divers se transmet à toutes les générations de motards. Il se dit qu'en 1384, à l'angle de deux rues aujourd'hui disparues de l'Île de la Cité, la rue Marmouset et la rue des deux Ermites - certains situent directement l'affaire au 18-20 rue Chanoinesse, siège des compagnies -, s'élevaient deux maisons mitoyennes. La première abritait un barbier, la seconde un pâtissier fort renommé pour l'excellence de ses pâtés. Le barbier comptait parmi ses clients de nombreux étudiants étrangers logés chez les chanoines du cloître Notre-Dame voisin. On raconte qu'il égorgeait certains de ces jeunes hommes pour les dépouiller, puis qu'il les dépeçait avant de balancer leurs corps en morceaux par une trappe débouchant dans la cave de son voisin. Le pâtissier transformait alors la chair des malheureux en délicieux pâtés en croûte. Le roi Charles VI, dit-on, en raffolait.

Rien de plus normal, comme l'explique Jacques du Breul, un prieur de Saint-Germain des prés dans une chronique publiée en 1612 : « *de la chair d'icelui faisait des pâtés qui se trouvaient meilleurs que les autres, d'autant que la chair de l'homme est plus délicate, à cause de la nourriture, que celle des autres animaux* ». Alors qu'ils viennent de tuer un étudiant allemand, les deux complices sont confondus par le manège de son chien. Les aboiements ininterrompus du fidèle animal devant l'échoppe finissent par mettre la puce à l'oreille des policiers. En pénétrant chez le pâtissier, ils découvrent les deux individus en pleine besogne et les arrêtent en flagrant délit. Ils sont condamnés à mort et brûlés vifs dans des cages en fer. Conformément à l'usage, leurs deux maisons sont rasées et une petite pyramide expiatoire est érigée sur les lieux jusqu'en 1536. Cette légende aurait inspiré la comédie musicale de Broadway intitulée *Sweeney Todd, the Demon Barber of Fleet Street* de Stephen Sondheim, puis le film éponyme de Tim Burton avec Johnny Depp, en 2008.

Aujourd'hui encore, de nombreux curieux se pressent au 20, rue Chanoinesse pour apercevoir, gisant dans un coin du garage des compagnies motocyclistes parisiennes, une sorte de grosse pierre bombée qui – dit-on – aurait servi de planche à découper au pâtissier si réputé pour son pâté en croûte.

Vers 1960, le trafic automobile continue de progresser avec 1,25 millions de véhicules en circulation, soit plus du double qu'en 1940. 2 CV, Simca 1000, Dauphine, DS, Renault 4 envahissent les villes. Les embouteillages sont permanents et Paris est au bord de l'asphyxie. Rien n'y a encore été prévu pour accueillir le flot incessant de voitures, encore compliqué par les livraisons, notamment les camions de gros tonnage, qui obstruent des rues entières. Avec les grands travaux en cours – construction de parkings souterrains, du RER, du périphérique, prolongement du métro, etc. – Paris et ses abords ne sont plus qu'un gigantesque bouchon. La mission essentielle des policiers motocyclistes, dont l'effectif est de 419 en 1960, consiste toujours à surveiller la circulation, c'est-à-dire à faire respecter le Code de la route.

La section nocturne du service motocycliste ne chôme pas : on compte près de 365 800 contrôles rien qu'au titre de l'année 1968.

Un numéro du magazine *Liaisons* daté de 1969 précise que pour cette mission, ils parcourent chaque jour 373 km le long des routes nationales dans le ressort de la préfecture de Police, les boulevards de ronde et les routes principales des bois de Boulogne et de Vincennes, ce qui représente environ 1 200 000 kilomètres par an, soit près de la moitié du kilométrage total du service. Ces patrouilles ont un objectif dissuasif, c'est à dire préventif, mais elles s'inscrivent aussi dans une logique de sanction pour réprimer des infractions « *qui risquent d'être à l'origine de très graves accidents de voie publique* », souligne la revue.

En 1968 sont ainsi rédigés plus de 51 000 rapports de contraventions et perçues 10 813 amendes forfaitaires. En outre, un certain nombre de comportements sont relevés au titre de délits, parmi lesquels 68 conduites sans permis, 52 non-transferts de carte grise, 37 défauts d'assurance, 28 défauts ou non-conformité de plaques d'immatriculation ou encore 9 conduites en état d'ivresse.

La surveillance des automobilistes se poursuit la nuit. A la fin des années 1960, 21 motocyclistes ont d'ailleurs pour unique mission de contrôler, en nocturne, la vitesse des véhicules au moyen d'un cinémomètre-radar, dans Paris intra-muros, sur les routes nationales et départements périphériques, les boulevards de ronde, les voies sur berge et celles des bois de Boulogne et de Vincennes. La section nocturne du service motocycliste ne chôme pas : on compte sur l'ensemble de ces voies près de 365 800 contrôles rien qu'au titre de l'année 1968.

La densité de la circulation pose aussi un problème de stationnement anarchique à Paris. Un principe de « zone bleue » imposant une durée limitée pour se garer dans le centre de Paris est instauré en 1957. En 1968, le fameux sabot de Denver permet d'immobiliser les véhicules destinés à la fourrière et 150 fonctionnaires de la compagnie motocycliste sont alors préposés à l'enlèvement des véhicules.

La surveillance du trafic est la mission essentielle des policiers motocyclistes.
© PRÉFECTURE DE POLICE

Autre mission importante du service motocycliste de la préfecture de Police, les escortes dans tous les domaines. En 1968, les motards assurent un total de plus de 13 000 escortes, dont le tiers concerne les déplacements officiels de personnalités françaises et de personnalités étrangères en séjour à Paris, avec une double fonction d'apparat et de protection. S'y ajoutent 3716 accompagnements d'ambulances transportant de grands blessés ou des malades « *dont la survie dépend souvent de la rapidité de l'hospitalisation* », observe le magazine *Liaisons* à l'époque, qui souligne aussi que les escortes rapides de personnalités ou de véhicules sanitaires dans la circulation intense « *exigent des motocyclistes des qualités exceptionnelles* ».

Bien d'autres escortes sont assurées par les motards : celles de convois exceptionnels, des transferts de détenus, des convois militaires, de policiers de la direction de la police municipale lors de services d'ordre, ou encore de véhicules lors de cérémonies traditionnelles ou de manifestations sportives. Chaque jour également, les motards escortent des transports de fonds pour les services postaux, la banque de France et des établissements bancaires, ainsi que des transports d'objets d'art ou de grande valeur.

Escorte officielle
© PRÉFECTURE DE POLICE

Escorte d'une ambulance à Paris 1966. © PRÉFECTURE DE POLICE

Au cours de leurs patrouilles nocturnes, les policiers motocyclistes accordent une attention particulière aux taxis, afin de préserver la sécurité de leurs conducteurs. © PRÉFECTURE DE POLICE

Comme c'est le cas pour tous leurs autres collègues policiers, la lutte contre la délinquance fait également partie des prérogatives officielles des policiers motocyclistes, tant à Paris que dans les communes du ressort de la préfecture de Police. Une équipe spéciale composée de volontaires est chargée de traquer les délinquants de toutes sortes, de les interpeller et de les conduire au poste. A la fin des années 1960, en tête des motifs d'interpellation figurent les vols de véhicules, très loin devant les autres infractions et délits, qu'ils concernent les conducteurs (conduite sans permis ou sans assurance) ou non (vol avec effraction, autre vol, port d'arme blanche ou d'arme à feu et même outrage aux bonnes mœurs). Depuis leur engin, les motards peuvent en effet prendre sur le vif et interpeller toutes sortes de malfaiteurs en flagrant délit, parfois au prix d'une course-poursuite effrénée. Comme le rappelle le magazine *Liaisons*, « *cette action ne va pas sans danger et oblige les motards à prendre de très grands risques pour arrêter, notamment, les voleurs de véhicules* ». Mais « *huit fois sur dix, les voleurs de voitures pris en chasse sont rattrapés* », constate la revue.

Il faut noter que la lutte anti-délinquance est l'une des principales missions de la brigade de nuit du service motocycliste, qui dispose d'une équipe spéciale de répression créée en juillet 1967. Composée de volontaires issus de toutes les autres brigades motorisées, elle pratique la chasse libre aux voleurs de voitures, aux « roulottiers » (vols dans les véhicules), aux auteurs d'agression et aux cambrioleurs. Comme en témoignent les récits d'affaires de l'époque dans les procès-verbaux, les courses-poursuites à moto se terminent parfois à pied pour interpeller les fuyards.

LES ANGES DE LA ROUTE A Paris, en 1954, la brigade motocycliste se voit dotée de 4 voitures prêtées par le Touring club de France pour accomplir une mission plutôt insolite pour des motocyclistes sur les routes départementales et nationales en région parisienne : le dépannage de véhicules et le secours immédiat aux accidentés de la route ou leur transport à l'hôpital. Chaque voiture, dotée d'un brancard pliant, d'une trousse à outils, d'un petit stock de pièces détachées courantes, d'un jerrican d'essence et d'eau, et de dispositifs de signalisation provisoire, a pour mission de patrouiller sur les grands itinéraires routiers à la recherche des accidentés et de répondre aux appels téléphoniques réclamant du secours. Les motocyclistes composant les équipages sont choisis pour leurs connaissances en mécanique et possèdent tous le brevet de secourisme.

Les motocyclistes composant les équipages sont choisis pour leurs connaissances en mécanique et possèdent tous le brevet de secourisme.

COUP D'ACCÉLÉRATEUR SUR L'ENVIRONNEMENT Il faut noter que depuis 1954, si la plupart des motocyclistes relèvent de la direction générale de la police municipale de la préfecture de Police, une section d'une dizaine de policiers a parallèlement été mise en place au sein de la direction des services techniques. Celle-ci a plusieurs missions : elle intervient dans la formation des motards de la préfecture de Police, réceptionne, équipe et rôde tous les engins à deux-roues pour l'ensemble des services de la préfecture de Police. Enfin, au fil de ses patrouilles sur la voie publique, elle réprime les infractions relatives à l'équipement des véhicules automobiles comme les pots d'échappements bruyants qui réveillent tout un quartier en pleine nuit ou qui répandent des fumées nauséabondes, ou des phares mal réglés qui aveuglent les autres automobilistes. Mais les motocyclistes ne se contentent pas d'infliger des contraventions : ils imposent au conducteur du véhicule de faire les réparations nécessaires et le convoquent ultérieurement avec son véhicule pour vérifier que celles-ci ont bien été effectuées.

Ce sont également des policiers motocyclistes qui sont mobilisés dans le cadre de la campagne organisée chaque année par la préfecture de Police pour sensibiliser les usagers à l'importance de disposer d'un système d'éclairage en bon fonctionnement sur son véhicule et de respecter la signalisation. Cette campagne de prévention annuelle associe déjà la Prévention Routière. Les motocyclistes ont pour mission d'accueillir le public dans les stands de contrôle et de réglage implantés par la préfecture de Police dans son ressort géographique.

UNE SÉLECTION DRACONIENNE Pour entrer au service motocycliste, il faut posséder le permis de conduire et comptabiliser au moins 3 ans de service en tant que gardien de la paix. Le candidat subit successivement un examen médical et des tests psychotechniques. S'il les réussit, il passe le

Ces deux motocyclistes de la direction des services techniques en side-car contrôlent les équipements techniques d'un camion, à la fin des années 1950. © PRÉFECTURE DE POLICE

concours d'accès devant un jury qui lui pose une batterie de questions sur le fonctionnement de la moto et vérifie sa connaissance de la topographie parisienne. Cette épreuve théorique est complétée par des tests de conduite et notamment de maniabilité de l'engin sur les pistes de la direction des services techniques, rue des Wallons à Paris. Une fois reçu, le candidat suit alors un stage de trois mois basé à l'école des services techniques parisiens au cours duquel, par tous les temps, il est amené à s'entraîner aux différentes missions qui l'attendent sur tous les types de terrains (boue, forêt, etc.) en banlieue parisienne. Mais cette formation ne garantit toujours pas que le policier pourra intégrer le service des compagnies motocyclistes ! Encore devra-t-il réussir les épreuves finales organisées par l'école, qui, au début des années 1970, ne retient qu'un candidat sur 100. De la rue des Wallons, cette école déménagera par la suite à Chevilly-Larue puis, beaucoup plus tard, à Sens, qui accueillera les stagiaires à compter d'avril 2010.

Pour entrer au service motocycliste, il faut posséder le permis de conduire et comptabiliser au moins 3 ans de service en tant que gardien de la paix.

Entraînement 1960. © PRÉFECTURE DE POLICE

Formation par la direction des services techniques en 1969. © PRÉFECTURE DE POLICE

UNE ÉQUIPE D'ÉQUILIBRISTES Pour entretenir sa réputation d'excellence et la sympathie de la population à son égard, le service motocycliste, dès 1947, organise des démonstrations spectaculaires en public. Rompus à tous types d'exercices à moto grâce à leur formation, ses effectifs créent en leur sein une équipe spéciale d'acrobatie motocycliste composée de douze motards aux qualités sportives particulièrement édifiantes. Ceux-ci mettent au point des numéros qui conjuguent acrobaties individuelles et collectives dans un style burlesque à l'occasion de spectacles qui rencontrent un grand succès dans toute la France et dans le monde entier. Annoncée au moyen d'affiches multicolores, leur arrivée dans une ville est toujours un véritable événement et le public leur réserve à chaque fois un triomphe. Les policiers qui composent cette unité doivent également être très disponibles car cette activité ludique mais chronophage (en 1968, ils se sont produits à 14 reprises en province) vient s'ajouter à leur travail quotidien au sein du service.

Ci-dessous, démonstration de l'équipe spéciale d'acrobatie motocycliste sur le parvis de Notre-Dame à l'occasion de la célébration du 38e anniversaire de la Libération de Paris.
© PRÉFECTURE DE POLICE

Un an après les émeutes de 1968, le service motocycliste crée en son sein un peloton de voltigeurs motoportés. Composé de binômes formés d'un agent pilotant la moto à l'avant et d'un autre agent à l'arrière, issu de l'équipe spéciale de gymnastique de la préfecture de Police, ils ont pour mission d'intervenir auprès des éléments violents au sein des manifestations. Ces voltigeurs motoportés opèrent depuis leur moto en mouvement, contrairement aux actuelles BRAV-M (brigades de répression de l'action violente motorisées, voir p.60) qui n'utilisent la moto que pour se déplacer et qui mettent pied à terre pour intervenir. Entre temps, la loi du 10 juillet 1964, entrée en application le 1er janvier 1968, a remodelé le cadre administratif de la région parisienne. Les départements de la Seine et de la Seine-et-Oise disparaissent et

sont redécoupés en plusieurs autres départements. La compétence de la préfecture de Police s'étend alors sur Paris et les trois nouveaux départements des Hauts-de-Seine, de Seine-Saint-Denis et du Val-de-Marne. Pour patrouiller dans ces territoires limitrophes de la Capitale, le service motocycliste installe trois antennes respectivement dédiées aux départements 92, 93 et 94. Une seconde réforme impacte la préfecture de Police. La loi du 9 juillet 1966 prévoit l'intégration de la préfecture de Police dans la Police nationale, notamment en termes de ressources humaines. Cette évolution se traduira par un changement définitif dans la couleur du casque et des engins des motards : ceux-ci passeront du noir au blanc pour être en conformité avec les couleurs officielles des services motocyclistes de la police nationale. En 1971, un décret limite les compétences du préfet de Police à Paris, sauf en matière de police judiciaire, où il conserve ses prérogatives régionales. Trois ans plus tard, le service motocycliste de la préfecture de Police voit un certain nombre de ses effectifs quitter la Capitale pour rejoindre les nouvelles formations motocyclistes créées au sein des toutes récentes préfectures des Hauts-de-Seine, de Seine-Saint-Denis et du Val-de-Marne, baptisées les compagnies départementales urbaines motocyclistes (CMUD). Ces compagnies relèvent alors de chaque directeur départemental de la sécurité publique, placé sous l'autorité du préfet de département. Le service motocycliste de la préfecture de Police n'intervient plus que sur Paris intra-muros.

PRIORITÉ À LA SECURITE ROUTIÈRE La sécurité routière est l'une des grandes préoccupations de la décennie. Avec la naissance, en 1972, de la délégation à la sécurité routière s'ouvre une période d'intense communication en direction des citoyens. « Boire ou conduire, il faut choisir » (1978) et « Un petit clic vaut mieux qu'un grand choc » font partie des slogans les plus célèbres diffusés à la télévision française. Pour la préfecture de Police, les problématiques de circulation et de sécurité routières sont plus que jamais d'actualité. Les accidents font l'objet de relevés par arrondissement, de tableaux sur les accidents mortels, sur les types de véhicules en présence, les infractions en cause et les catégories de victimes. Tout est passé au crible. Le bilan de 557 tués sur la route à Paris et dans les trois départements de la petite couronne en 1970 incite la préfecture de Police à donner un coup d'accélérateur à la prévention et à la répression des infractions, tant dans Paris intra-muros que sur les nouvelles voies aménagées dans le cadre des grands travaux qui transforment la Capitale.

Commencée en 1956, la construction du boulevard périphérique s'achève en 1973. Très vite, cette voie qui permet aux automobilistes de faire le tour de Paris en 35,5 kilomètres et draine 200 000 véhicules par jour est saturée aux heures de pointe. En 1975, la préfecture de Police met en place la compagnie du boulevard périphérique, forte de 240 gradés et gardiens de la paix. En complément de ce service spécifique, le service motocycliste crée en son sein une unité chargée de la surveillance du boulevard périphérique et notamment des excès de vitesse. Lancés sur leurs motos blanches toutes neuves, dotés d'un poste de radio émetteur-récepteur embarqué, 47 motards écument ses voies circulaires, avec une présence accentuée aux heures de pointe. La vitesse et la maniabilité de leurs engins leur permettent de se rendre facilement sur les lieux d'un accident ou d'un bouchon et de faciliter l'acheminement des secours. La moto rend possibles les interpellations, les pilotes enjoignant aux conducteurs de quitter le boulevard pour pouvoir leur dresser un procès-verbal.

Les accidents font l'objet de relevés par arrondissement, de tableaux sur les accidents mortels, les types de véhicules en présence, les infractions en cause et les catégories de victimes. Tout est passé au crible.

Aux heures de pointe, seize équipes de deux motos dotées d'un poste radio émetteur-récepteur écument le boulevard périphérique. Quatre cars du secours routier, dont les équipages appartiennent à la compagnie motocycliste, portent secours aux victimes d'accidents et viennent en aide aux automobilistes en difficulté.
© PRÉFECTURE DE POLICE

Tous les effectifs dédiés à la surveillance de la circulation, notamment sur le boulevard périphérique, sont en relation avec la nouvelle salle d'information et de commandement de la préfecture de Police, créée en 1955 et modernisée en 1975. Sa carte lumineuse géante permet de visualiser l'état du trafic parisien tandis que ses écrans de télévision montrent les points névralgiques de la Capitale. © PRÉFECTURE DE POLICE

Contrôle routier en 1984.
© PRÉFECTURE DE POLICE

Parallèlement, au milieu des années 1970, des effectifs de la compagnie motocycliste – nouvelle appellation du service motocycliste – interviennent toujours à bord de cars du secours routier français pour venir en aide aux victimes d'accidents ou aux automobilistes en difficulté.

La compagnie motocycliste comporte trois brigades centrales s'occupant plus spécifiquement des escortes (de personnalités, d'ambulances, d'œuvres d'art) et deux autres brigades spécialisées dans la surveillance de la circulation, dont celle du boulevard périphérique. Fidèles à leur tradition, tout en mettant l'accent sur la surveillance de la route, les motocyclistes poursuivent les escortes de personnalités, avec une intensification particulière au début des années 1980. Les escortes du Président de la République impliquent à elles seules plusieurs dizaines de motocyclistes.

Un virage est amorcé à la fin des années 1980, avec une volonté d'affichage moins spectaculaire pour les escortes de personnalités officielles.

Un virage est amorcé à partir de la fin des années 1980, avec une volonté d'affichage moins spectaculaire pour les escortes de personnalités officielles. De fait, celles du Président de la République diminuent en ampleur. Ce phénomène touche aussi l'accompagnement des personnalités étrangères, qui mobilisent désormais moins de dix fonctionnaires.

Les motocyclistes de la préfecture de Police accentuent en revanche leurs missions de lutte contre l'insécurité routière et de lutte anti-délinquance, c'est-à-dire celles qui touchent directement les citoyens, tout en poursuivant les escortes de véhicules sanitaires, de fonds et d'objets précieux. En 1990 sont créées les BAC (brigades anti-délinquance) dont certaines patrouillent de jour et de nuit en moto banalisée, dans les quartiers sensibles et en alerte sur les délits liés à la route comme les excès de vitesse et les vols de véhicules. Ces missions utilisent la souplesse de la moto pour prendre en flagrant délit et interpeller plus facilement les délinquants « mobiles ». En 2002, le Président de la République Jacques Chirac érige la sécurité routière en priorité nationale.

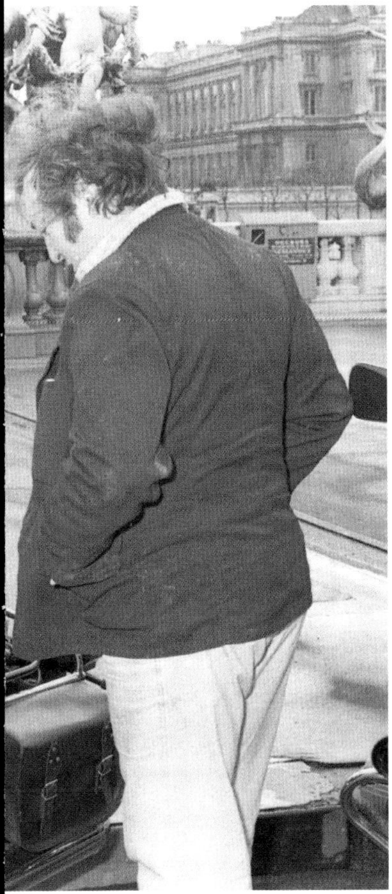

En 1997, escorte de Jean-Paul II : les escortes protocolaires se sont restreintes par rapport à la décennie précédente, où plus de 30 motocyclistes accompagnaient le pape.
© PRÉFECTURE DE POLICE

Désignée comme l'une des 5 priorités nationales en 2002, la lutte contre les délits routiers est l'une des activités montantes des compagnies motocyclistes, qui conjugue actions de prévention et répression.
© PRÉFECTURE DE POLICE

Les motards multiplient alors les actions de prévention à travers des séances de sensibilisation dans les écoles avec des partenaires spécialisés comme le centre motocycliste de la police nationale. Pour réprimer les délits routiers, ils se dotent de radars mobiles et forment des équipes mixtes avec les policiers « piétons » du service, les motards étant chargés d'interpeller les automobilistes tandis que leurs collègues dressent les contraventions.

Au début des années 2000, les compagnies motocyclistes rassemblent environ 300 policiers dont 240 motocyclistes et une cinquantaine de « piétons » spécialisés en sécurité routière (radars et suivi judiciaire des infractions). Leurs missions, limitées à Paris, sont toujours aussi variées, alternant escortes, surveillance de la circulation, contrôles routiers, contrôle du respect de la réglementation européenne en matière de transport de voyageurs et de marchandises, lutte anti-délinquance. En matière de maintien de l'ordre, depuis la dissolution des pelotons voltigeurs en 1986, leur rôle se limite à escorter en urgence les véhicules des forces mobiles de maintien de l'ordre vers les lieux de manifestations.

En 2006, le service est rebaptisé « service des compagnies motocyclistes » car il agrège des sections et des compagnies ayant chacune leur spécialité : sécurité routière, lutte contre la criminalité, compagnie d'acrobaties motocyclistes, etc.

Jusqu'en 2008, les motocyclistes continuent à jouer le rôle d'ambassadeurs de la préfecture de Police sur tout le territoire français et à l'étranger à travers les spectacles de la compagnie d'acrobatie motocycliste.

Le tournant du Grand Paris

Le 14 septembre 2009, la préfecture de Police vit une réforme historique : la mise en place du Grand Paris de la sécurité, en écho au projet gouvernemental du Grand Paris de l'économie, de l'urbanisme, des transports et de la culture, qui doit permettre à Paris et à sa région de rivaliser avec les grandes Capitales étrangères et de transformer la vie des Franciliens.

Les polices de Paris et des trois départements de petite couronne (92, 93 et 94) sont désormais regroupées sous l'autorité unique du préfet de Police pour lutter contre la délinquance mais aussi les embouteillages et les délits routiers, sur un territoire qui s'étend de part et d'autre du boulevard périphérique. Près de 46 000 professionnels, dont 33 000 policiers, ont alors pour mission de protéger 6,4 millions d'habitants : la police du Grand Paris se hisse à la hauteur de celles de Londres, Tokyo et New York.

© NICOLAS MÉDARD

Cette réforme place sous l'autorité de la direction de l'ordre public et de la circulation de la préfecture de Police (DOPC) l'ensemble des policiers des trois départements de petite couronne, motards et « piétons », dédiés à la gestion de la circulation et de la sécurité routières ainsi qu'aux escortes sanitaires et de tous les déplacements officiels à destination ou en provenance des aéroports parisiens.

À la DOPC une sous-direction régionale de la circulation et de la sécurité routières est créée, au sein de laquelle une division régionale motocycliste (DRM) voit le jour en 2011. Celle-ci regroupe le service des compagnies motocyclistes parisien ainsi que les 3 anciennes CMUD (compagnies motocyclistes urbaines départementales) des Hauts-de-Seine, de Seine-Saint-Denis et du Val-de-Marne, auxquels s'ajoutent les effectifs de policiers « piétons » dédiés à la circulation routière dans ces départements. Ces trois nouvelles unités seront bientôt rebaptisées compagnies territoriales de circulation et de sécurité routières (CTCSR). La nouvelle division régionale motocycliste de la préfecture de Police est coordonnée depuis le siège des compagnies motocyclistes parisiennes, rue Chanoinesse, et a pour territoire d'intervention Paris, ses trois départements limitrophes et les axes structurants de la région parisienne, comme les autoroutes. Elle s'adapte continuellement aux évolutions de la société et, en mars 2019, suite aux violences observées lors des manifestations de « Gilets jaunes » en 2018, contribuera à la création des brigades de répression de l'action violente motorisées ou BRAV-M.

Chaque jour et chaque nuit, fidèles à leur engagement aujourd'hui centenaire, les motocyclistes de la préfecture de Police et leurs collègues piétons continuent à déployer une panoplie de missions pour assurer la sécurité dans l'agglomération parisienne et à entretenir leur réputation d'excellence dans le monde entier.

D'HIER À AUJOURD'HUI

1925

1928 à 1938

1928 à 1938

1947

1950

1962

1959

1964

1964

1972

1972

1972

1983

1997

2018

À la création du service motocycliste, les motards ne sont pas dotés d'uniformes et ont comme seul signe distinctif un insigne de la préfecture de Police sur leur couvre-chef. Les premières tenues professionnelles arrivent en 1928 avec des bottes à lacets héritées des surplus de la Première Guerre mondiale. À la Seconde Guerre mondiale, en raison d'un problème de commande de cuir, les motocyclistes s'équipent de bottes rouges à partir d'un stock de cuir rouge à utiliser. Ces bottes feront partie de la tenue des policiers motocyclistes parisiens jusqu'à la fin des années 1960. Quant aux casques, les premiers noirs. Leur bande réfléchissante circulaire qui ressemble à une auréole la nuit, vaut aux motards le surnom d'anges de la route. Devenus blancs dans les années 1960, les casques sont par la suite conçus avec des fonctionnalités et des systèmes de protection toujours meilleurs : casques «jet» des années 1970, casques modulables (avec visière) des années 1980 avec système radio ajouté à partir des années 1990.

Dans les années 2000 arrivent les premiers systèmes de radio intégrés ainsi que les dispositifs d'éclairage LED permettant de lire des documents la nuit et de voir à l'intérieur d'un véhicule. Aujourd'hui, les casques sont extrêmement perfectionnés à tous égards (protection, radio, éclairage, système anti-buée pour la visière).

D'HIER À AUJOURD'HUI

Harley Davidson - 1923

René Gillet - 1933

Condor 580 CE 1946

Gnôme et Rhône 750 cm³ - 1938

Side car René Gillet SCR 300 - 1948

BSA 500 cm³ - 1951

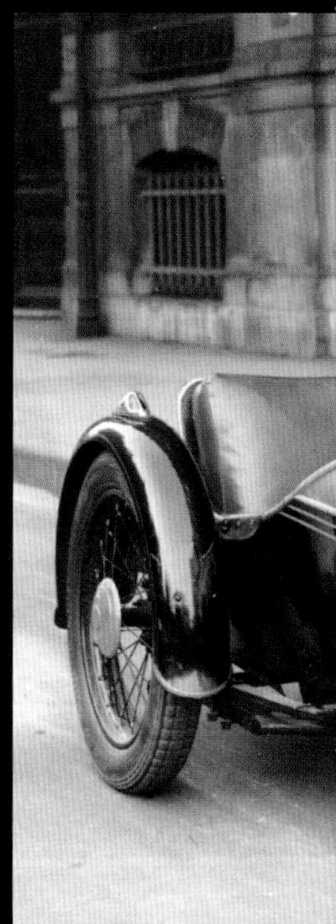

CEMEC 750 cm³ - 1951

BMW R60 - 1969

Triumph - 1963

BMW R80 RT - 1985

Side car Terrot - 1938

BMW K75 - 1992

BMW 1100 RT - 1998

Yamaha 1300 FJR - 2005

Après les premières Indian et Harley Davidson, le service motocycliste s'équipe principalement en motos françaises, jusqu'aux années 1950 (Dresch, René Gillet, Gnome et Rhône, Terrot, Condor, Cemec).
Après une percée des Royal Enfield en 1944, les motos étrangères font leur entrée à compter de 1953 avec la Triumph 650 cm³ «culbutées» ou encore la BSA (Birmingham Small Arms) 500 cm³, en 1955. À partir de 1960, le parc du service motocycliste de la préfecture de Police est entièrement composé de belles américaines Triumph et d'allemandes BMW. Aujourd'hui, les compagnies motos sont principalement équipées de BMW et de Yamaha.

▲ Contrôle routier par une patrouille de nuit au début des années 1960. © PRÉFECTURE DE POLICE

◀ Ancien siège des compagnies motocyclistes rue des Wallons dans le 13e arrondissement. Les modèles sont des motos René Gillet, mis en service en 1936. © PRÉFECTURE DE POLICE

Escorte officielle de personnalité sur Champs-Elysées, dans les années 1950. © PRÉFECTURE DE POLICE

▲ Entraînement au bâton sur le toit de la compagnie motocycliste au 18, rue Chanoinesse dans le 4e arrondissement. © PRÉFECTURE DE POLICE

▼ Formation des gardiens de la paix motocyclistes en 1954. © PRÉFECTURE DE POLICE

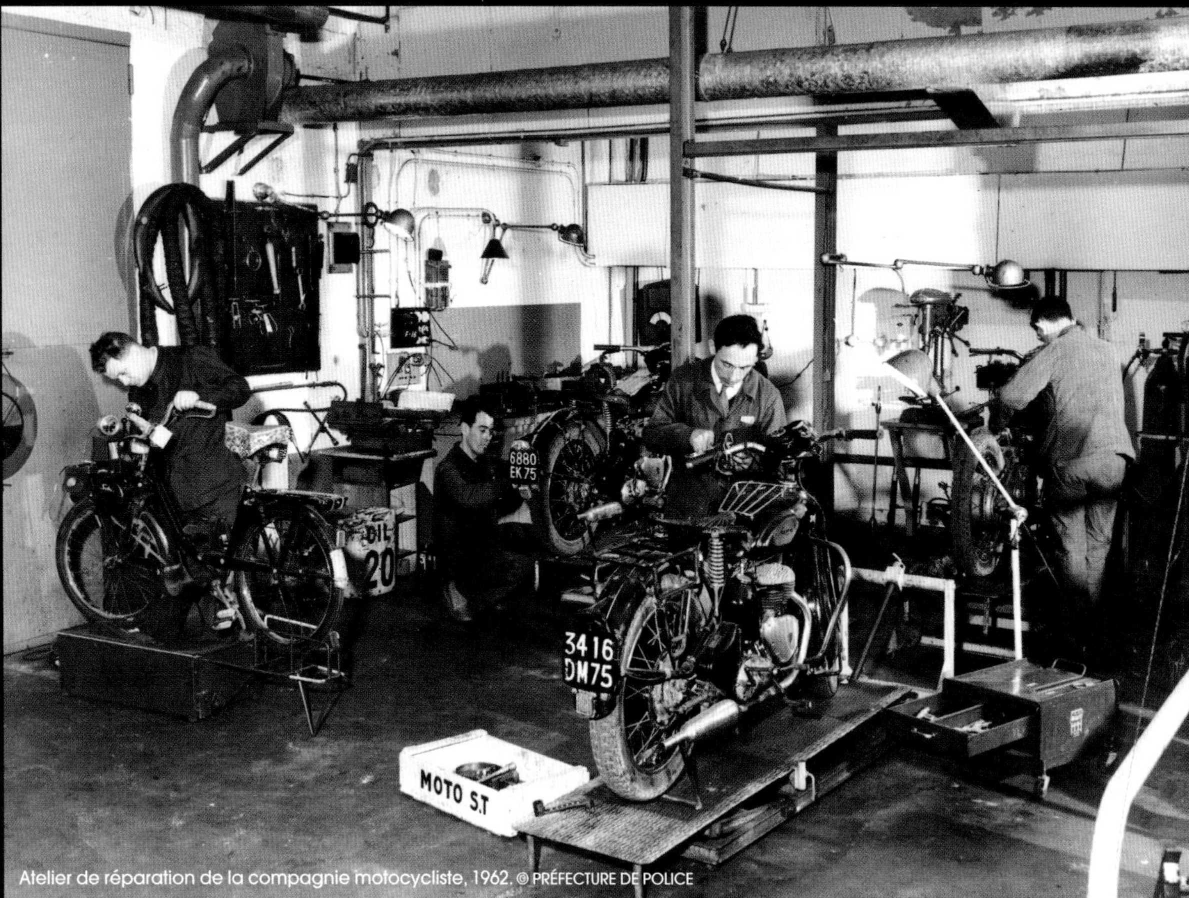

Atelier de réparation de la compagnie motocycliste, 1962. © PRÉFECTURE DE POLICE

Formation de la compagnie motocycliste en side-car dans les années 1960. © PRÉFECTURE DE POLICE

▲ Les acrobates de la compagnie motocycliste effectuant la mythique figure de la pyramide. © PRÉFECTURE DE POLICE

◀ Service technique de formation motocycliste, rue Jules Breton (13e arr.), en 1960. © PRÉFECTURE DE POLICE

▼ Séance de gymnastique sur les toits de la compagnie motocycliste, rue Chanoinesse (Paris 4e arr.) © PRÉFECTURE DE POLICE

Patrouille motocycliste sur des BMW R60 carénées mises en service en 1960, quai de Montebello, Paris 4e arrondissement. © PRÉFECTURE DE POLICE

Entraînement formation initiale des gardiens de la paix motocyclistes sur des Triumph mises en service en 1950. © PRÉFECTURE DE POLICE

◀ Retour au siège des compagnies motocyclistes, rue Chanoinesse. © PRÉFECTURE DE POLICE

▼ Escorte SAMU, 1976 © PRÉFECTURE DE POLICE

Patrouille de nuit en 1982. © PRÉFECTURE DE POLICE

Contrôle routier dans les années 1980, motos BMW R80 RT. © PRÉFECTURE DE POLICE

Escorte officielle du prisent américain Jimmy Carter en 1978, motos BMW carénées R60/2. © PRÉFECTURE DE POLICE

◀ Départ d'une escorte officielle rue Chanoinesse (4e arr.) dans les années 1970, motos BMW R60/2. © PRÉFECTURE DE POLICE

▼ Escorte officielle d'une délégation étrangère à la fin des années 1990, motos BMW K75. © PRÉFECTURE DE POLICE

Sortie officielle devant l'Hotel de Ville, 1995. © PRÉFECTURE DE POLICE

Contrôle de sécurité routière, place de la Concorde (Paris 8e arr.). © PRÉFECTURE DE POLICE

Patrouille au Bois de Boulogne, 1998. © PRÉFECTURE DE POLICE

Ouverture de la coupe du monde de football, rue de Rivoli (Paris 1er arr.) en 1998. © PRÉFECTURE DE POLICE

Escorte d'un véhicule de secours à victime de la brigade de sapeurs pompiers. © PRÉFECTURE DE POLICE

Escorte lors de la visite d'Elizabeth II, en 2004. © PRÉFECTURE DE POLICE

Parc moto du siège des compagnies motocyclistes. © PRÉFECTURE DE POLICE

Escorte des services de secours lors des attentats du 13 novembre 2015 dans le 11e arr. © MINISTÈRE DE L'INTÉRIEUR

Entraînement pour le défilé du 14 juillet 2019 à l'aérodrome de Brétigny-Sur-Orge. © PRÉFECTURE DE POLICE

◀ Escorte des délégations étrangères lors de la COP21 organisée à Paris en décembre 2017. © PRÉFECTURE DE POLICE

▼ Escorte sur les Champs-Elysées lors de l'hommage populaire rendu à Johnny Hallyday pour ses obsèques, le 9 décembre 2017. © PRÉFECTURE DE POLICE

Mise en place du périmètre de sécurité lors de l'incendie de la cathédrale Notre-Dame, 15 avril 2019. © MINISTÈRE DE L'INTÉRIEUR

Motards à l'entraînement au centre national de formation motocycliste de Sens. © MINISTÈRE DE L'INTÉRIEUR

EN SELLE AVEC LES COMPAGNIES MOTOS

Au fil de reportages et de rencontres, vous découvrirez les nombreuses missions des compagnies motocyclistes de la préfecture de Police. Au-delà des escortes de personnalités et de la lutte contre l'insécurité routière, ils jouent un rôle primordial dans les situations d'urgence vitale, pour l'acheminement des convois sensibles mais aussi, depuis peu, le bon déroulement des manifestations.

Très engagés dans leurs missions de service public, les motocyclistes de l'agglomération parisienne n'en oublient pas pour autant l'humour et les traditions, au sein d'un univers professionnel totalement à part.

Enfourchez votre machine et suivez le guide !

RENCONTRE

PAUL-ANTOINE TOMI CHEF DE LA DIVISION RÉGIONALE MOTOCYCLISTE

Il tient de mains fermes le guidon d'une division forte de plus de 400 motocyclistes affichant au total près de 600 000 kilomètres par an au compteur : Paul-Antoine Tomi, commissaire divisionnaire, aurait-il mis un tigre dans son moteur ?

PROPOS RECUEILLIS PAR AGNÈS CANAVÉLIS

Vous dirigez la prestigieuse division régionale motocycliste de la préfecture de Police. Pouvez-vous nous rappeler ses missions ?

La première d'entre elles réside dans les escortes (11 460 en 2019) à Paris et dans les trois départements de la petite couronne. Nous escortons quotidiennement le Président de la République et les membres du gouvernement, le SAMU, les détenus transférés au tribunal, certains transports exceptionnels, des convois diplomatiques lors de sommets importants, sans oublier les équipes sportives et les supporters à l'occasion des grands matchs.

Notre deuxième mission, c'est le contrôle routier, avec des effectifs « piétons » et motocyclistes - certains travaillant en moto banalisée – hautement spécialisés dans les infractions et les délits routiers. Nous disposons aussi d'unités expertes en matière de législation sur le transport des marchandises et de personnes. Enfin, depuis peu, nous contribuons aussi au maintien de l'ordre avec les compagnies d'intervention, dans le cadre des BRAV-M (brigades de répression de l'action violente motorisées), créées par le préfet de Police, Didier Lallement. Celles-ci sont projetées sur les points où sont commises des exactions lors des manifestations. Jusqu'à 10 BRAV-M peuvent être déployées, soit 360 policiers en binômes.

Question basique mais qu'un profane est en droit de se poser : quels sont les avantages de la moto pour exercer vos différentes missions ?

Sa rapidité, sa facilité de mise en œuvre, sa robustesse - certaines motos permettent de franchir les barricades et les trottoirs, le cas échéant - son extrême fonctionnalité opérationnelle.

Quel est votre rôle en tant que chef de la division régionale motocycliste ?

Je dois être attentif à tout ce qui permet à la DRM d'évoluer, sur le plan technologique ou tactique.

Je dois faire preuve d'écoute pour pouvoir conjuguer tous les talents et toutes les bonnes idées. Je suis très satisfait d'avoir pu, à mon niveau, contribuer à la mise en œuvre des BRAV-M pour le maintien de l'ordre en collaboration avec les compagnies d'intervention, ce qui ajoute une troisième corde à notre arc. Nous n'en sommes pas encore à cibler le recrutement en faveur des BRAV-M. Nous devons d'abord maintenir nos effectifs pour continuer à assurer nos missions traditionnelles d'escortes et de sécurité routière, tout en contribuant à améliorer le maintien de l'ordre. Ceci dit, à terme, il est envisagé de déployer quotidiennement une BRAV-M qui aura pour mission de lutter contre la délinquance.

La violence est-elle un phénomène de plus en plus récurrent ?

Tout à fait : dès mon arrivée à la tête de la DRM, il y a quatre ans, j'ai constaté une très grande violence dans les manifestations, avec des individus qui ne sont clairement pas là pour manifester mais pour casser et s'en prendre aux forces de l'ordre. Ils les affrontent comme une bande rivale, sans aucune limite : jets de projectiles, d'engins incendiaires, de cocktails Molotov, tirs de mortiers, etc. Les images télévisées parlent d'elles-mêmes.

Quels sont les premiers résultats enregistrés par les BRAV-M, créées en mars 2019 ?

Ces nouvelles unités accomplissent un travail extraordinaire. Elles ont littéralement révolutionné le maintien de l'ordre en lui donnant la mobilité nécessaire. Comme vous le savez, avec le mouvement des « Gilets jaunes », nous avons été confrontés à des situations extrêmes, notamment sur la place de l'Etoile et les Champs-Elysées avec l'incendie du Fouquet's. Sous l'égide de l'actuel préfet de Police, ce nouveau dispositif d'intervention a pu être amélioré et déployé sur le terrain avec beaucoup d'efficacité. Grâce à leur intervention immédiate sur les points de tension, les BRAV-M réussissent à repousser les casseurs et à juguler le déploiement du black bloc.

Depuis que vous dirigez la DRM, y a-t-il des événements ou des missions qui vous ont particulièrement marqué ou touché?

Il y en a plein ! Quand je vois mes effectifs défiler le 14 juillet, quand ils assurent une grande escorte sur un voyage officiel ou une opération de contrôle routier de grande envergure, je suis extrêmement fier! Lorsqu'une BRAV-M intervient en soutien à une compagnie de maintien de l'ordre, je suis aussi extrêmement satisfait de constater l'efficacité du dispositif. Il y a aussi des souvenirs marquants, comme lorsque nous avons escorté le transfert des œuvres de Notre-Dame vers la Mairie de Paris puis le Louvre, lors de l'incendie d'avril 2019.
Et tant d'autres !

Les motards, c'est une grande famille unie par l'amour de la moto?

Pour moi, ce sont avant tout des policiers, qui sont en plus motocyclistes : entre nous, nous ne disons d'ailleurs pas « motards » mais « motocyclistes », ce qui correspond à une qualification professionnelle et à l'une des formations les plus sélectives de la Police nationale.
Il est vrai que beaucoup sont entrés dans la police pour exercer ce métier atypique. Pour certains, c'était même un rêve de gosse. Il y a un véritable esprit motocycliste qui nous pousse à pérenniser nos traditions avec, chaque année, des réunions et des repas avec nos anciens. Ceux-ci viennent souvent nous rendre visite, même quand ils habitent en province ou à l'étranger !
Certains ont aussi l'esprit « motard », avec des activités annexes comme les courses d'enduro ou le cross. Il y en a aussi qui collectionnent les motos américaines, de vrais connaisseurs en la matière !

Nous devons maintenir nos effectifs pour continuer à assurer nos missions traditionnelles d'escorte et de sécurité routière, tout en contribuant à améliorer le maintien de l'ordre.

Le policier motocycliste jouit-il d'une image particulière auprès du public ?

Aux yeux de la population, il n'est pas un policier *lambda*. Il bénéficie d'un capital sympathie notamment lié au fait qu'il escorte des personnes en urgence vitale. Nous recevons régulièrement des remerciements de personnes qui ont pu être sauvées car nous avons permis à leur ambulance de se faufiler dans une circulation très dense et d'arriver à temps à l'hôpital. En même temps, certains appréhendent de nous voir car nous incarnons aussi la répression de la délinquance routière. En tout cas, notre image n'est jamais anodine.

Comment se positionne la DRM parisienne par rapport aux autres services motocyclistes français et étrangers ?

Si nous représentons la plus grosse unité motocycliste de France et avons été la plus importante d'Europe, nous avons tous en commun d'assurer des escortes et de réprimer la délinquance routière. C'est pourquoi nous entretenons à la fois des relations avec nos collègues motocyclistes français (CRS, Garde républicaine, direction centrale de la sécurité publique) et étrangers. Chaque année, nous mettons un point d'honneur à participer à un challenge européen en Allemagne.

Encouragez-vous les futurs policiers passionnés de moto à rejoindre vos rangs ?

Oui, bien évidemment ! La division régionale motocycliste est l'une des plus belles unités de la Police nationale, prestigieuse et jouissant d'un équipement performant, dont nous nous attachons à faire progresser les effectifs.

LA DRM EN CHIFFRES

- **646** policiers dont **417** motocyclistes et **229** piétons
- **244** motos sérigraphiées (principalement BMW 1200 RT et Yamaha FJR)
- **196** motos banalisées dont **180** BRAV-M
- **595 793** km parcourus (2019)

TENUES DE SORTIE

Tenue du motocycliste du service général
(tenue portée pour toutes les missions)

- Blouson motocycliste homologué EPI (équipement de protection individuelle), gilet airbag intégré et protections coudes, épaules et dorsale
- Écussons PN et DOPC
- Casque modulable blanc avec bandes rétroréfléchissantes, micro intégré relié à la radio Acropol par un câble connectif (le système radio est situé à l'arrière de la moto)
- Gilet pare-balles
- Pantalon motocycliste homologué EPI, protections hanches et genoux

Tenue d'honneur
(portée lors des cérémonies)

- Gants blancs réservés aux escortes officielles. Leur manchette de cuir épais (également appelée crispin) permet de protéger le poignet du motard.
- Les motards portent la fourragère rouge depuis octobre 1946, lors des cérémonies officielles. Cette décoration a été attribuée par le général de Gaulle à l'ensemble de la préfecture de Police en reconnaissance de son engagement pour la Libération d'août 1944.
- Bottes de cérémonie en cuir fabriquées sur mesure pour chaque motard.

Tenue du passager dans le dispositif BRAV
(issu des compagnies d'intervention)

- Casque modulable avec transmission avec le motocycliste, relié aux postes radio Acropol
- Blouson motocycliste homologué EPI renforcé aux zones de contact en cas de chute ou de coup
- Gilet tactique pour l'emport du matériel, radio et armement
- Écusson BRAV-M

- Pantalon motocycliste homologué EPI renforcé mais assez léger pour permettre la mobilité et la vélocité
- Chaussures Rangers spécifique au MO

Tenue du motocycliste dans le dispositif BRAV
(brigade de répression des actions violentes)

- Casque modulable relié à la radio Acropol situé sur le gilet tactique et câble de transmission afin de communiquer avec le passager
- Gilet tactique qui permet le transport de l'équipement léger en maintien de l'ordre, la radio et le téléphone ou la tablette Neo
- Pas de gilet airbag
- Blouson motocycliste homologué EPI, vêtement de protection pour les motocyclistes professionnels, niveau le plus élevé de résistance à l'abrasion, aux coupures ou à l'éclatement, protections coudes/épaules et dorsale
- Gilet pare-balles
- Pantalon motocycliste de la marque *Paraboot*, protections malléoles (non visible sur la photo)
- Moto alliant puissance, maniabilité et discrétion (feux de signalisation bleus et sirène deux-tons dissimulés sous le carénage), spécialement adaptée aux besoins des compagnies motos par Yamaha pour les missions des BRAV-M. Conçue pour transporter un passager très équipé, ce modèle est équipé d'un porte-bagage et d'un top-case de 52 litres décalés vers l'arrière. Cet engin perfectionné dispose en outre de toutes les commandes de signalisation, d'un anneau airbag et d'un système radio sophistiqué.

REPORTAGE
24H À LA DIVISION RÉGIONALE MOTOCYCLISTE

Le bureau de gestion opérationnelle au siège des compagnies moto
© PRÉFECTURE DE POLICE

Pas de répit pour les quelque 650 policiers de la division régionale motocycliste. Jour et nuit, ils déploient leurs dispositifs d'escortes, de lutte contre l'insécurité routière et d'appui au maintien de l'ordre à Paris et dans les trois départements de la petite couronne. *Liaisons* a passé une journée en leur compagnie. AC

6H15 LUEURS DE L'AUBE

Au siège des compagnies moto, rue Chanoinesse, dans la foulée des missions nocturnes, une nouvelle journée commence. La quarantaine de motocyclistes de la première compagnie de jour, dont la vacation s'étale de 6h30 à 15h, arrivent les uns après les autres, se sourient, se saluent d'un clin d'œil et, pour certains, échangent quelques mots autour d'un café : Chanoinesse, c'est comme une famille et tout le monde se connaît.

Au bureau de gestion opérationnelle, centre névralgique de la division régionale motocycliste, le téléphoniste prend connaissance des télégrammes de missions tombés sur son ordinateur la veille au soir et aux premières heures du jour. Pour la plupart, les demandes proviennent du cabinet du préfet de Police et de la direction de l'ordre public et de la circulation. D'autres commandes, imprévisibles, surgiront à tout moment de la journée : escortes de SAMU, transports d'organes en vue d'une greffe urgente, le programme peut changer à tout moment en fonction des aléas de la vie urbaine, dans une capitale abritant plusieurs millions d'habitants, de travailleurs et de visiteurs, toutes les institutions et en proie à une circulation intense. Au fur et à mesure de leur arrivée, les missions du jour sont officiellement listées sur le logiciel des commandes puis retranscrites à la main sur le grand cahier posé en évidence à l'extérieur du bureau, de sorte que chacun puisse les consulter.

Au programme de la journée, une dizaine d'escortes officielles dont celle du Président de la République, du Premier ministre et des membres du gouvernement, des escortes de personnalités étrangères vers les aéroports, une escorte de détenus entre la prison et le tribunal de grande instance de Paris, une escorte de transport de munitions et, en ce jour de manifestation importante, 6 BRAV-M, soit 108 fonctionnaires (54 motards et 54 policiers spécialisés en maintien de l'ordre) ayant un rôle primordial à jouer dans la lutte contre les casseurs. En tournant les pages du cahier, l'on remarque, inscrites pour les jours précédents, d'autres missions telles qu'un contrôle routier sur un site précis de la Capitale et des escortes d'équipes nationales de football vers un aéroport.

C'est le chef de poste qui est chargé de composer en temps réel toutes les équipes de motocyclistes devant assurer ces missions. « *Je dois toujours être en mesure de fournir les équipages nécessaires pour toutes les missions. Je fais donc souvent appel aux effectifs des compagnies motocyclistes des trois départements de la petite couronne, qui font partie intégrante de la division régionale motocycliste* », commente le chef de poste de la vacation du matin. Entre deux escortes, ou lorsqu'ils ne sont pas mobilisés sur les BRAV-M, les motocyclistes sont affectés à des patrouilles dans tous les secteurs de Paris, avec comme objectifs la surveillance de la voie publique et la verbalisation de véhicules en cas d'infraction au code de la route. En cas d'événement important comme une grosse manifestation mobilisant des centaines de motards, c'est le bureau de gestion opérationnelle qui, cette fois, prend la main pour la répartition des effectifs.

Escorte d'un véhicule du SAMU par deux policiers motocyclistes. Au premier plan, l' «estafette» avertit les usagers de l'arrivée d'un convoi. Positionné assez loin derrière lui, le «régulateur» assure le guidage immédiat du véhicule escorté.
© PRÉFECTURE DE POLICE

LES COMPAGNIES MOTOCYCLISTES DE PARIS EN CHIFFRES

- **284** policiers dont **212** motocyclistes et **72** piétons
- **143** motos sérigraphiées
- **91** motos banalisées dont **84** BRAV-M

7H30
ACCOMPAGNER L'URGENCE

Le SAMU de l'Hôtel Dieu vient de contacter la préfecture de Police pour une mission urgente : il faut escorter l'un de ses véhicules jusqu'à la rue Championnet (18ᵉ arr.) où un homme a été victime d'un arrêt cardiaque à son domicile. La salle de commandement « ordre public » transmet immédiatement la demande à la division régionale motocycliste. Le chef de poste de Chanoinesse dépêche alors deux motards pour cette mission. Ceux-ci rejoignent l'ambulance du SAMU qui les attend rue de la Cité, devant l'entrée de l'hôpital, et se concertent rapidement sur l'itinéraire le plus rapide pour atteindre la rue Championnet. Ils actionnent leur gyrophare et leurs avertisseurs lumineux de manière à être à la fois vus et entendus des autres automobilistes. Comme il s'agit d'une urgence vitale, chaque seconde compte. Le convoi, autant que possible, ne devra jamais s'arrêter. Sans encombre, ils empruntent le boulevard de Sébastopol puis celui de Strasbourg. Mais à mi-hauteur du boulevard Magenta, vu la densité de la circulation, ils décident de remonter un couloir de bus pour l'instant vide*. L'un des deux motocyclistes, « l'estafette » dans le vocabulaire des motocyclistes, s'élance loin devant en éclaireur, effectuant des gestes indiquant clairement aux éventuels véhicules qui arriveraient à contresens de stopper leur progression. L'ambulance continue à suivre le motocycliste resté à l'arrière jusqu'au domicile de la victime. L'équipe du SAMU, avec son médecin, se rend rapidement auprès du patient. Pendant ce temps, les deux policiers demeurent à l'extérieur, prêts à continuer à escorter le véhicule médicalisé jusqu'à un hôpital si nécessaire. Une demi-heure plus tard, les hommes de l'urgence ressortent seuls de l'immeuble : l'état de santé de la personne ne nécessite finalement pas d'hospitalisation. En revanche, à peine sont-ils remontés dans leur véhicule qu'ils reçoivent pour instruction de se rendre rue Emile Duployé (18ᵉ arr), où une autre personne a été victime d'un accident cardiaque à son domicile. De nouveau, les policiers branchent leur gyrophare et leurs signaux bleus pour assurer l'escorte. Mais, une fois sur place, le médecin du SAMU constate malheureusement le décès du patient. Les deux motocyclistes regagnent alors la rue Chanoinesse, où d'autres missions les attendent.

*Comme l'autorise l'article 4-432 du Code de la route pour les véhicules d'urgence.

LA TRAVERSÉE DE PARIS

Avec 11 460 missions de ce type en 2019, les escortes représentent la première activité de la division régionale motocycliste (DRM). Leur rôle consiste à fluidifier le parcours des véhicules transportant des personnes (personnalités politiques, détenus dangereux) ou un contenu sensible (fonds, objets précieux) pouvant faire l'objet d'une attaque sur leur parcours et d'ouvrir la route aux véhicules d'urgence chargés d'amener à l'hôpital des personnes en danger ou des organes à greffer dans un laps de temps déterminé.

Dans son principe, l'escorte motocycliste doit permettre à un convoi d'évoluer sans encombre jusqu'à son point d'arrivée. Gyrophare, sirène et avertisseurs bleus allumés pour être vu et entendu, le premier motard situé devant le convoi, dit « estafette », prend de l'avance, regarde à la fois loin devant lui mais aussi tout autour et derrière lui, afin d'avertir les automobilistes de l'arrivée de l'escorte au moyen de gestes clairs et de coups de sifflet. Le second motard, appelé régulateur, situé devant les véhicules escortés, impose au cortège une vitesse régulière et cohérente. Les véhicules ont alors pour obligation, selon le Code de la route, de s'écarter sur les côtés ou d'interrompre leur progression si nécessaire pour laisser passer les véhicules protégés.

HONNEUR ET PROTECTION Conformément à leur mission traditionnelle, les motocyclistes de la DRM escortent quotidiennement le Président de la République et les membres du gouvernement dans leurs déplacements à Paris et en région parisienne, ainsi que les visites protocolaires de personnalités étrangères à Paris. La configuration de l'escorte varie selon qu'il s'agit d'une escorte officielle, d'une visite protocolaire ou d'un déplacement de travail. L'objectif est à chaque fois de faciliter tous les déplacements officiels en protégeant les personnalités durant leur parcours. Ponctuellement, lors de sommets internationaux stratégiques comme la COP 21 ou le G7, la DRM s'inscrit également dans le dispositif des escortes de délégations officielles aux côtés des CRS et des motocyclistes de la garde républicaine, ces événements nécessitant d'importants effectifs motocyclistes. La DRM peut également être amenée à escorter des équipes sportives lors de grands matchs, à l'instar de l'équipe de France qu'elle a accompagnée en 1998 sur les Champs-Elysées après sa victoire en Coupe du monde. Mais la proportion de ces missions a tendance à régresser parmi le nombre total d'escortes.

QUESTION DE VIE OU DE MORT Parmi les escortes urgentes figurent celles des véhicules sanitaires (869 en 2019). Ici, l'enjeu est vital. Assurer la trajectoire la plus fluide possible à une ambulance ou à un véhicule de sapeurs-pompiers transportant une personne accidentée, en détresse cardiaque ou respiratoire est un défi majeur pour les policiers de la division régionale motocycliste (voir le témoignage du professeur Carli, page 54).

Parmi les escortes à effectuer le plus rapidement possible figurent aussi celles des véhicules transportant le cœur, les poumons, le foie, les intestins, les reins ou le pancréas d'une personne venant de décéder vers l'hôpital, où se trouve un patient en attente de greffe. En France, la répartition des greffons se faisant au niveau interrégional, l'organe d'une personne décédée en province peut être attribué à un patient situé sur Paris ou en région parisienne. Compte tenu de la durée de vie limitée de l'organe, celui-ci doit parfois être convoyé par avion puis acheminé le plus rapidement possible sous escorte motocycliste vers le lieu de la transplantation. La plupart du temps, le chirurgien ayant extrait l'organe sur le défunt accompagne le greffon jusqu'au lieu de l'opération, qu'il assure lui-même.

De l'aveu de certains motards, les escortes sanitaires sont une source de stress et d'adrénaline en raison de l'importance de l'enjeu. Mais elles leur apportent par ailleurs beaucoup de satisfaction lorsque des parents les remercient d'avoir acheminé à temps l'un de leurs proches à l'hôpital, où il a pu être soigné.

RENCONTRE

PROFESSEUR PIERRE CARLI, CHEF DU SAMU DE PARIS

PROPOS RECUEILLIS PAR AC

Chargé de transporter les personnes en urgence vitale, le SAMU de Paris sait pouvoir compter sur la disponibilité, l'expérience du terrain et l'engagement sans faille des motards de la préfecture de Police pour escorter leurs véhicules. Le professeur Pierre Carli, chef du SAMU de Paris, témoigne de leur importance fondamentale pour sauver des vies.
© PRÉFECTURE DE POLICE

Quel est l'avantage pour vous et vos équipes de recourir à des escortes motocyclistes ?

Grâce aux motocyclistes, dans la circulation parisienne toujours dense, nous bénéficions d'un transport plus rapide, plus sûr, sans a-coups, en utilisant des accès ou des trajets dont ils ont l'habitude, car ils connaissent parfaitement la Capitale.

Je tiens à préciser que certains patients n'ont pas forcément besoin d'une grande rapidité mais de beaucoup de stabilité : les coups de frein et d'accélérateur, les secousses représentent pour eux un risque et les motocyclistes nous assurent le transport le plus doux possible avec une continuité de trajet. Le transport se fait parfois à des heures de grande affluence : dans ce contexte, une escorte motocycliste nous permet d'avoir une sécurité totale aux carrefours puisque les policiers bloquent la circulation de part et d'autre. Ils peuvent aussi être très utiles dans d'autres circonstances, pour des missions exceptionnelles…

C'est à dire ?

Nous sommes parfois obligés de pratiquer une intervention chirurgicale très compliquée dans la rue, notamment pour remplacer le cœur et les poumons d'un patient, à l'aide de machines spécifiques. Nous requérons alors une escorte motocycliste pour nous rendre rapidement sur place puis transporter la personne à l'hôpital dans des conditions très particulières. Mais à plusieurs reprises, la compagnie motocycliste nous a également aidés à récupérer du sang ou du matériel alors que cela n'était pas prévu dans la prise en charge : cela montre bien leur intégration à nos équipes. Sur place, ils sont également susceptibles de nous donner un coup de main pour porter ou tenir du matériel, ce qui nous fait gagner du temps, et nous savons qu'ils nous protègent pendant que nous travaillons, ce qui nous permet d'être totalement concentrés. Nous savons toujours pouvoir compter sur eux. Entre ce type d'opérations exceptionnelles et les escortes de patients en situation grave, ils mettent tout en œuvre pour nous être utiles, d'autant qu'ils se montrent quasiment toujours disponibles.

Quelles autres situations peuvent nécessiter leur présence ?

Lorsqu'un accident s'est produit et que les pompiers doivent désincarcérer les victimes, les motards protègent les lieux puis assurent les escortes vers les hôpitaux. D'ailleurs, de manière générale, ils interviennent beaucoup pour escorter en urgence des blessés graves vers les grands hôpitaux spécialisés de la Capitale où ils doivent être opérés, comme la Pitié-Salpêtrière, Georges Pompidou ou Lariboisière, suite à des accidents de la circulation ou de chantiers.

Ils sont aussi amenés à effectuer des escortes d'ambulances lors d'événements de grande ampleur comme les attentats terroristes de 2015, où ils ont accompli des dizaines d'escortes de victimes évacuées par le SAMU, les ambulances et les sapeurs-pompiers vers les hôpitaux. Les motocyclistes font donc naturellement partie des dispositifs policiers intégrés dans tous les plans communs d'intervention en cas d'événement exceptionnel.

> À plusieurs reprises, la compagnie motocycliste nous a également aidés à récupérer du sang ou du matériel alors que cela n'était pas prévu dans la prise en charge.

Comment sont déclenchées les missions motocyclistes ?

Nous sommes par principe économes en escortes, car nous savons qu'elles sont coûteuses en temps, en personnel policier et qu'elles représentent pour eux un danger car elles se font en ville. Une procédure a donc été mise en place il y a plusieurs années en liaison avec les compagnies motocyclistes. C'est la régulation médicale du SAMU qui décide de mobiliser ou non une escorte lorsque celle-ci est réclamée par une équipe sur place. L'urgence qu'il y a à opérer une personne ou la nécessité d'un transport sécurisé font partie des critères. La commande est aussitôt adressée au service des compagnies motocyclistes*, qui répond en

*ndlr : via l'état-major de la direction de l'ordre public et de la circulation de la préfecture de Police (DOPC).

général toujours présent, même s'il a une charge de travail importante par ailleurs. En dix minutes, l'escorte arrive sur place : les motocyclistes sont d'une grande réactivité, je tiens à le souligner. Ils sont donc à la fois disponibles, rapides et extrêmement efficaces, et procurent un grand sentiment de sécurité à nos équipes, comme elles ont peu l'occasion d'en avoir. Nous les sentons aussi très impliqués : les missions « santé » sont très importantes pour eux.

Y a-t-il un brief entre les équipes de motards et les équipes médicales au départ d'une escorte ?

Oui, toujours. Nous les mettons toujours au courant de la situation du patient qu'ils escortent : par exemple, on leur dit qu'il s'agit d'un blessé polytraumatisé dans un accident devant être conduit rapidement en neurochirurgie à la Pitié-Salpêtrière. Ils sont donc liés par le secret médical. Les équipes motos connaissent bien tous les abords des hôpitaux. Ce sont eux qui décident de l'itinéraire, en liaison radio avec leur brigade.

Les équipes motos connaissent bien tous les abords des hôpitaux.

Parmi les autres urgences médicales pouvant être escortées, il y a celle des organes à greffer. Quel est l'apport des motards ?

Ils escortent l'équipe chirurgicale qui a prélevé le greffon - placé dans une glacière - et qui se rend à l'hôpital où il doit être greffé sur un autre patient. Le véhicule qui les transporte n'appartient pas au SAMU mais à une société privée spécialement habilitée ne relevant pas de ma responsabilité. L'escorte motocycliste permet d'acheminer l'organe en toute sécurité et rapidement, de sorte que celui-ci n'ait pas le temps de se dégrader avant sa transplantation.

Est-ce que des liens se tissent entre équipes médicales et motocyclistes ?

Oui, tout à fait, nos ambulanciers les connaissent très bien, car nous avons l'habitude de travailler avec eux. Quelques dizaines de motards assurent les escortes de quelques dizaines d'ambulanciers, donc, tout le monde se connaît ! De plus, dans les dispositifs de sécurité préventifs mis en place par la préfecture de Police pour les grandes fêtes populaires comme le feu d'artifice du 14 juillet, nous sommes pré-positionnés à leurs côtés, prêts à intervenir, ce qui se prête aux échanges plus informels.

Que souhaitez-vous ajouter concernant les escortes ?

Je suis très fier que dans notre pays démocratique, un citoyen qui a besoin d'être acheminé rapidement vers un hôpital puisse bénéficier d'une escorte comme s'il était le Président de la République. Les escortes publiques sont loin d'exister dans tous les pays. Je crois que c'est important de le dire.

Le SAMU (Service d'aide médicale urgente) de Paris réceptionne les appels d'urgence au 15 et organise la prise en charge sur le terrain de patients en situation grave ainsi que leur transport médicalisé vers des hôpitaux spécialisés. Il a aussi pour mission de transférer des personnes en état grave entre deux hôpitaux parisiens. Il s'appuie sur dix équipes de SMUR (Structures mobiles d'urgence et de réanimation) réparties entre les différents hôpitaux parisiens et mobilisables 24h/24. Une équipe SMUR est composée d'un médecin spécialiste en médecine d'urgence, parfois d'un pédiatre et/ou d'un anesthésiste, d'un infirmier et d'un conducteur ambulancier. Son véhicule est doté d'un matériel de réanimation complet.

ESCORTES

SOUS HAUTE SÉCURITÉ

Escorte motocycliste pour un transfert de détenus dangereux par la COTEP. © PRÉFECTURE DE POLICE

Les policiers de la division régionale motocycliste sont également régulièrement sollicités pour accompagner un certain nombre de missions de la compagnie de transferts, d'escortes et de protection (COTEP) de la préfecture de Police. Le recours aux motards s'avère indispensable, notamment dans le cadre des missions prioritaires de la COTEP consistant à assurer des escortes dites sensibles. Tel est le cas des déplacements de « détenus particulièrement signalés », classés dans cette catégorie par une commission rassemblant magistrats, membres de l'administration pénitentiaire et du ministère de l'Intérieur. Les déplacements concernent notamment le transfert de détenus d'une maison d'arrêt à l'autre, vers un tribunal, leur transport à l'hôpital ou encore sur les lieux d'un événement privé auquel ils ont été autorisés à se rendre comme un enterrement. Comme le précise le commandant Patrice Lapalus, chef de la COTEP, « *la dangerosité d'un détenu particulièrement signalé est évaluée en fonction de ses actes passés, de son risque d'évasion ou encore du risque de trouble à l'ordre public que peut engendrer son déplacement* ». Dans ces différents cas, en plus de la protection systématique des véhicules de l'administration pénitentiaire par ceux de la COTEP, s'impose une escorte de motocyclistes.

Les escortes par les motards sont également requises pour le transport d'individus liés au terrorisme, placés en garde à vue puis présentés devant un magistrat, qui peut décider d'un mandat de dépôt : ils sont alors « désignés » soit par l'autorité judiciaire, soit par l'autorité pénitentiaire, comme présentant un risque potentiellement très élevé et, à ce titre, nécessitent une double escorte de la COTEP et des effectifs motocyclistes, du tribunal jusqu'à la maison d'arrêt. « *Les motards permettent au convoi véhiculant des individus dangereux de circuler de la manière la plus fluide possible dans l'agglomération parisienne, quel que soit l'état du trafic, et font en sorte que celui-ci ne s'arrête jamais. En effet, un véhicule immobilisé représente un plus grand risque d'évasion et une cible plus facile pour une attaque* », poursuit le commandant Patrice Lapalus.

TOUT UN ART La COTEP est également systématiquement accompagnée par les motocyclistes de la préfecture de Police lorsqu'elle sécurise le transport d'objets précieux ou de fonds d'une très grande valeur patrimoniale ou financière.

Une escorte motocycliste a ainsi été mobilisée en renfort de la COTEP pour acheminer les œuvres de Léonard de Vinci en provenance d'Italie jusqu'au Louvre, en vue de la grande exposition organisée dans le célèbre musée du 24 octobre 2019 au 24 février 2020. « *Pour ce type d'événement, notre mission est de protéger le chargement initial des œuvres dès leur arrivée à l'aéroport, leur transport puis leur déchargement au musée. Celle des motards consiste à nous ouvrir la voie et à faciliter notre cheminement du point de départ jusqu'au point d'arrivée* », commente le commandant Patrice Lapalus. Pour les plus grosses escortes, deux motards sont positionnés devant les véhicules de la COTEP et deux autres à l'arrière pour éviter que des véhicules ne remontent à hauteur du convoi.

Les motocyclistes sont également mobilisés à l'occasion du déplacement d'œuvres d'art lorsque des musées doivent subir des travaux, pour des expositions d'objets précieux comme celle des bijoux Cartier au grand Palais il y a quelques années, ainsi qu'à l'occasion de chaque Biennale des Antiquaires à Paris.

En 2019, les motocyclistes ont accompagné la COTEP
pour 467 escortes de détenus dangereux ou de personnes dangereuses placées sous mandat de dépôt, 293 escortes de fonds Banque de France, 164 escortes de fonds des régies de la PP (notamment argent récupéré des amendes payées sur place par les usagers lors de leur interception par les services de police), 65 escortes de bijoux et de diamants, 30 escortes d'œuvres d'art, 30 escortes de stupéfiants en vue de leur destruction sur décision judiciaire.

Ils escortent aussi, jusqu'à l'aéroport, les transports de bijoux expédiés à l'étranger.

Les policiers de la division régionale motocycliste renforcent également la COTEP lorsqu'elle escorte les transports de fonds pour le compte de la Banque de France ou les fourgons de sociétés privées mandatées par d'autres banques. A noter : les organismes d'assurance obligent les sociétés privées à sécuriser le transport de fonds ou d'objets précieux au moyen d'escortes (assurées par la COTEP sur la plaque parisienne) à partir de seuils fixés par un barème officiels et rémunérées à l'administration selon les grilles en vigueur.

Lors de l'incendie de la cathédrale Notre-Dame, en avril 2019, la célèbre Couronne d'épines (à gauche) et de nombreuses œuvres ont été sauvées des flammes et transportées sous escorte de la COTEP et des motards de la préfecture de Police vers la Mairie de Paris puis au Louvre. © PRÉFECTURE DE POLICE

AU SECOURS DU PATRIMOINE

Un événement restera longtemps dans toutes les mémoires: l'incendie de la cathédrale Notre-Dame de Paris, le 15 avril 2019, au cours duquel les policiers de la COTEP ont protégé l'évacuation des œuvres par les sapeurs-pompiers de Paris et les fonctionnaires de la DRAC, puis leur chargement dans les camions de la Mairie de Paris. Chaque fois qu'un camion était rempli, la COTEP l'escortait avec le renfort de motards de la division régionale motocycliste vers la Mairie de Paris. La mission des policiers s'arrêtait une fois que le véhicule avait pénétré dans l'Hôtel de Ville, où il était déchargé par des équipes de la Mairie. COTEP et motocyclistes repartaient alors vers la cathédrale pour sécuriser le chargement des autres camions et encadrer leur déplacement jusqu'à la Mairie. Le lendemain de l'incendie et pendant plusieurs jours, la COTEP a effectué plusieurs rotations pour escorter les œuvres depuis la Mairie de Paris jusqu'au Louvre, toujours accompagnée par les motards de la préfecture de Police.

L'appel des BRAV-M au siège des compagnies motos de Chanoinesse. © PRÉFECTURE DE POLICE

11H00
LES BRAV SUR LE PONT

En prévision de ce jour de grande manifestation, la division motocycliste a mobilisé six BRAV-M, c'est-à-dire 108 binômes pilote - policier des compagnies d'intervention, qui partiront en deux temps sur les points de tension de la Capitale, les uns à 11h, les autres à midi, pour disperser et interpeller les casseurs. Une septième BRAV-M, entièrement composée de gendarmes, est venue en renfort et sera placée, pour emploi, sous l'autorité de la préfecture de Police.

L'appel des trois premières BRAV-M se déroule dans le parc supérieur du siège de la division régionale motocycliste, rue Chanoinesse, surmonté d'une immense verrière. Une annonce diffusée dans les hauts parleurs invite les pilotes des BRAV-M 2, 3 et 4 à rejoindre le fameux carré d'appel, où chacun devra répondre à l'énoncé de son nom : *« L'objectif est de vérifier qu'aucun pilote ne manque et que le dispositif est bien au complet »*, glisse en aparté le commandant Legay, chargé de faire l'appel et de briefer les effectifs. Dans cette assemblée de policiers solidement plantés dans leurs bottes de cuir, engoncés sous leurs protège-épaules, gilets pare-balle et combinaisons spécialisées, l'ambiance est sérieuse mais bon enfant : des rires fusent et des sourires éclairent la plupart des visages. Beaucoup sont amis entre eux. Par intermittence, la voix du commandant est couverte par le bruit de motos rentrant de mission et celui des sirènes de police dont on vérifie le bon fonctionnement sur les engins. Sur le pont d'Arcole, à deux pas de la rue Chanoinesse, les pilotes rejoignent leurs accompagnateurs venus des compagnies d'intervention. Pressentant que la journée sera longue, certains avalent un fruit ou un en-cas. *« On ne sait jamais à quelle heure on termine. Tant qu'il y a des casseurs, nous restons sur place »*, indique un motard. Le départ de la mission est donné sur les ondes radio par la salle de commandement et d'information « ordre public » de la préfecture de Police, qui indique le premier point chaud à rallier. L'impressionnant cortège de 54 motos noires s'élance en file indienne dans la direction indiquée, Parmentier/République, sous le regard curieux des passants.

> L'impressionnant cortège de 54 motos noires s'élance en file indienne dans la direction indiquée, sous le regard curieux des passants.

Une fois sur place, pour éviter d'avoir à traverser la manifestation en cas d'intervention, les BRAV-M sont réparties en flanc-gardage de chaque côté du cortège, qui part de la gare du Nord pour atteindre la place de la Nation en passant par Bastille. Conduits par les motocyclistes des BRAV-M au départ de la manifestation, gare de l'Est, où des individus à risque ont été repérés, les policiers des compagnies d'intervention débarquent des engins et se groupent en unité constituée. Sur le côté est du cortège, est repéré un black bloc. La salle de commandement de la préfecture de Police, qui suit la progression des casseurs sur les écrans de contrôle, leur demande de continuer à surveiller les individus, à pied. Contrairement à ce qui se passe dans la plupart des manifestations, ils ne remontent donc pas immédiatement sur les motos. Par radio, ils demandent aux pilotes de les suivre à distance dans les rues parallèles, de manière à pouvoir être rapidement conduits sur d'autres points de

Les binômes « motocycliste-policier des compagnies d'intervention » composant les BRAV-M s'apprêtent à rejoindre les points de tension de la manifestation. © PRÉFECTURE DE POLICE

Les policiers du maintien de l'ordre sont conduits par les motards des BRAV-M sur les lieux d'exactions. Ci-dessus : palpations de sécurité sur un individu violent. © PRÉFECTURE DE POLICE

Les effectifs des compagnies d'intervention se positionnent parallèlement au cortège des manifestants, prêts à intervenir. © PRÉFECTURE DE POLICE

tension si nécessaire. En dépit des risques, notamment à Bastille où la présence d'éléments de chantiers laisse craindre qu'ils ne soient utilisés comme projectiles par des casseurs, la manifestation s'avère relativement calme. Quelques individus sont toutefois interpellés et conduits vers des cars garés à proximité. Pendant de longues heures, les motos avancent parallèlement à leurs accompagnateurs, restés à proximité immédiate des manifestants. Lorsque le cortège arrive au terme de son parcours, en fin de journée, la nuit est tombée. Les pilotes des BRAV-M stationnent leurs engins rue du Faubourg Saint-Antoine tandis que leurs binômes des compagnies d'intervention se positionnent en unité constituée à l'angle de la place de la Nation et du boulevard Diderot. Quelques manifestants tentent de raviver un feu de pneu mais en sont empêchés par les forces de l'ordre. Des projectiles divers jonchent le sol. Les hommes des BRAV-M, agents interpellateurs et motocyclistes, resteront sur les lieux jusqu'à dispersion complète des manifestants. Ce jour-là, le bilan des exactions sera plutôt faible. Lorsque le cortège des BRAV-M repartira vers la rue Chanoinesse, il sera plus de 20h.

MAINTIEN DE L'ORDRE

BRAVER LES ÉLÉMENTS VIOLENTS

Apparues lors des manifestations des «Gilets jaunes», elles constituent un atout majeur dans la lutte anti-casseurs. Pleins phares sur les BRAV-M ou brigades de répression de l'action violente motorisées : un succès parti sur les chapeaux de roue. AC

Juchés sur des motos banalisées, les binômes des BRAV-M sont dirigés sur les points les plus compliqués depuis la salle de commandement « ordre public » de la préfecture de Police. © PRÉFECTURE DE POLICE

Régulièrement confrontée à de nouveaux défis en matière de délinquance, la préfecture de Police met en place des méthodes et services innovants pour être en mesure d'assurer le cœur de sa mission : la sécurité des personnes et des biens. Tel est le cas des BRAV (brigades de répression de l'action violente), créées en mars 2019 pour faire face aux black blocs, ces groupes d'individus se livrant à la casse et au pillage pendant certaines manifestations et dont les exactions ont atteint un paroxysme lors du mouvement des « Gilets jaunes ». Les scènes d'émeutes, de voitures incendiées et de boutiques saccagées à Paris, notamment sur les Champs-Elysées, ont mis en évidence la nécessité de modifier la doctrine du maintien de l'ordre dans notre pays. Les casseurs étant dispersés et capables de se déplacer très rapidement d'un endroit à un autre, la police se doit elle aussi d'être extrêmement mobile et réactive pour pouvoir les interpeller. Pour répondre à ce phénomène, la préfecture de Police, en décembre 2018, a déployé un premier dispositif, les DAR (détachements d'action rapide), composés d'une quinzaine de policiers issus des brigades anti-criminalité, spécialisés dans l'interpellation des casseurs en flagrant délit. En mars 2019, le dispositif s'est affiné avec la mise en place des BRAV (brigades de répression de l'action violente), composées cette fois d'effectifs spécialisés dans le maintien de l'ordre, et véhiculés sur les points de tension soit par des cars, soit par des motards de la police. La partie motocycliste du dispositif, les BRAV-M (brigades de répression de l'action violente motorisées) est venue apporter la mobilité nécessaire au dispositif.

Les casseurs étant dispersés et capables de se déplacer très rapidement d'un endroit à un autre, la police se doit elle aussi d'être extrêmement mobile et réactive pour pouvoir les interpeller.

Chaque BRAV-M comporte dix-huit motos biplaces associant chacun un motard du service des compagnies motocyclistes de Paris pilotant sur son engin un policier issu des forces du maintien de l'ordre de la préfecture de Police (compagnies d'intervention et brigade d'intervention). « *Positionnés sur des endroits stratégiques, les BRAV-M se déploient en un temps record sur les points de tension et déposent leurs équipiers au plus près des casseurs. Ils stationnent leur engin dans le sens du départ en vue d'une exfiltration urgente. Ces équipiers – auxquels ils peuvent prêter main forte après être descendus du deux-roues – interviennent auprès des individus violents, puis les binômes repartent sur les motos.* », décrit Paul-Antoine Tomi, chef de la division régionale motocycliste. Un mode

Sur le site de Bondoufle (91), motards et policiers du maintien de l'ordre s'entraînent régulièrement, ensemble, à la mission particulière des BRAV-M. © PRÉFECTURE DE POLICE

d'intervention par conséquent bien différencié de celui des anciens voltigeurs et auquel s'entraînent régulièrement les policiers affectés aux BRAV-M, c'est-à-dire à la fois les m otocyclistes et leurs accompagnateurs, tant pour l'embarquement à moto, la conduite en binôme, le débarquement, le réembarquement que pour l'exfiltration rapide. Les BRAV-M sont des unités constituées, placées chacune sous l'autorité d'un officier de police. Elles interviennent sur instruction de la salle d'information et de commandement « ordre public » de la préfecture de Police, avec laquelle elles sont en liaison radio permanente. C'est sur les écrans de contrôle de cette immense salle que sont visualisés les déplacements des individus violents, filmés par les caméras de vidéoprotection. Chaque BRAV-M intervient soit isolément, soit en premier échelon en cas de menace plus importante en attendant l'arrivée d'autres BRAV-M ou celle des « forces lourdes », c'est-à-dire des unités dédiées au maintien de l'ordre. Les BRAV-M sont également susceptibles d'appuyer ces dernières en procédant à des interpellations ou en dispersant des casseurs au sein d'un cortège. Formées à la demande dès que les autorités craignent des actions violentes, les BRAV-M ne sont pas des unités permanentes. Une BRAV-M est mobilisée pour tenir tête aux casseurs susceptibles d'émerger au cours de la vingtaine de manifestations quotidiennes encadrées par la préfecture de Police. Les résultats obtenus ont conduit le ministère de l'Intérieur à solliciter leur présence lors du dernier G7, en août 2019 à Biarritz pour faire face à d'éventuels contestataires. La division régionale motocycliste dispose de 180 motos pour 10 BRAV-M rassemblant au total 360 fonctionnaires de police.

LES BRAV-M EN CHIFFRES

- **78** jours de missions
- **168** BRAV-M en tenue ont été mobilisées
- **10** BRAV-M en civil ont été mobilisées

Par leur mobilité et leur capacité à se projeter immédiatement sur les points de tension pour disperser et interpeller les casseurs, les BRAV-M exercent une action complémentaire de celle des « forces lourdes », beaucoup plus statiques et la plupart du temps sans contact direct avec les manifestants. Rassemblant les quelque 800 policiers dédiés au maintien de l'ordre de la préfecture de Police, ces forces peuvent être appuyées par des compagnies républicaines de sécurité et des escadrons de gendarmerie mobile. Elles ont pour mission de former des barrages fermes afin d'empêcher l'accès des manifestants aux lieux sensibles ou à certaines voies perpendiculaires à la manifestation. Si nécessaire, elles évoluent en unités constituées pour faire refluer les casseurs ou les enserrer avant de les interpeller. Les barrages statiques ne permettant pas d'empêcher systématiquement les exactions des casseurs, la nouvelle doctrine du maintien de l'ordre leur a adjoint les BRAV-M, des unités capables d'intervenir rapidement et de manière ciblée.

MAINTIEN DE L'ORDRE

RENCONTRE
JOANNA SILVESTRI, POLICIER MOTOCYCLISTE ET MICKAËL SEIGNOVERT, GARDIEN DE LA PAIX EN COMPAGNIE D'INTERVENTION

PROPOS RECUEILLIS PAR AC

Sous leur casque, leur lourde combinaison et leur gilet pare-balle, difficile d'apercevoir le visage des policiers des BRAV-M, qu'ils se trouvent à l'avant ou à l'arrière de la moto. Pour *Liaisons*, Joanna Silvestri, gardienne de la paix de 29 ans, entrée en juin 2017 à la division régionale motocycliste et Mickaël Seignovert, gardien de la paix à la 21e compagnie d'intervention depuis décembre 2017, ont accepté de nous parler de cette mission récente, les yeux dans les yeux.

Quelles sont vos missions respectives à la division régionale motocycliste (Joanna) et dans les compagnies d'intervention (Mickaël) ?

JS : Je travaille essentiellement sur les escortes et le contrôle routier. Depuis leur création en mars 2019, je participe aux BRAV-M. Au départ, c'était sur la base du volontariat. J'avoue qu'au début j'ai hésité car à la base, nous n'étions pas formés pour faire du maintien de l'ordre mais l'esprit d'équipe a été le plus fort et je me suis proposée.

MS : Au sein de ma compagnie d'intervention, qui gère le maintien de l'ordre, les services d'ordre, la protection de voyages officiels et la sécurisation de quartiers de reconquête républicaine, je suis spécialisé dans les BRAV-M. Auparavant, j'évoluais à pied dans les forces lourdes, soit en barrages fixes, soit en flanc gardage, qui consiste à avancer parallèlement aux manifestants.

En quoi consiste votre mission en BRAV-M ?

JS : Sur l'indication de la salle de commandement, nous acheminons sur nos motos des effectifs des compagnies d'intervention sur les sites où des groupes virulents ont été repérés ou quand des débordements font dévier l'itinéraire prévu pour la manifestation. A la base, ce devait être une mission ponctuelle pour les grands événements, mais des efforts sont faits pour mettre en place une BRAV-M quotidienne pour des missions de lutte antidélinquance.

MS : Avec mes collègues, j'interviens pour interpeller ou disperser les groupes à risques, c'est-à-dire de personnes qui ne sont pas là pour manifester mais pour casser, piller ou dégrader. Ils peuvent entre 20 et 50, selon les cas.

Avez-vous suivi une formation à ce type de mission ?

JS : Oui, au tout début, nous nous sommes entraînés avec les effectifs des compagnies d'intervention pour apprendre à travailler ensemble, à nous positionner sur les points d'arrêts, à repartir pour les déposer rapidement sur d'autres sites dans les manifestations.

MS : Déjà, pour accéder aux BRAV-M, il faut obligatoirement avoir suivi une formation aux ULI (unités légères d'intervention) de niveau 1, dédiées aux interventions en petits détachements, plus rapides qu'en force lourde. Les modes de déplacement, d'intervention et d'interpellation sont spécifiques. Ensuite, nous avons suivi des entraînements avec les motards pour l'embarquement sur la moto, le débarquement ou encore le repli rapide en cas de situation extrême en attendant des renforts.

En quoi la mission des BRAV-M est-elle particulière ?

JS : Elle est exigeante en termes de sécurité : nous devons redoubler de vigilance dans la conduite pour protéger notre passager, dont nous nous sentons responsables. De plus, transporter un passager pendant toute une vacation, parfois de 8h jusqu'à 19h, voire 22h, exige beaucoup plus d'énergie physique que lorsqu'on est seul sur une moto. Surtout que nos passagers sont parfois costauds !

MS : Elle impose d'être en permanence attentif aux risques en présence pendant de longues vacations, en sachant que pour pouvoir nous déplacer plus rapidement, nous ne sommes pas aussi équipés que les forces lourdes - ni protège-épaules, ni protège-tibias.

Vous sentez-vous vulnérable au cours de certaines manifestations ?

JS : Pour moi, jusqu'à présent, tout s'est bien passé, même si la fumée des lacrymogènes me brûle les yeux et que ce n'est pas pratique pour conduire. Mais lors d'une manifestation des « Gilets jaunes », l'une de mes collègues de BRAV-M a reçu un projectile dans sa roue et un autre est passé juste entre elle et son passager arrière. Des objets fusaient dans tous les sens. Heureusement, ni l'un, ni l'autre n'a été blessé.

MS : Non, et cela, grâce à l'effet de groupe que nous provoquons.

Avez-vous une appréhension avant ce genre de mission ?

JS : C'est sûr qu'au cœur d'une manifestation, il faut être particulièrement vigilant car nous ne sommes vraiment pas les bienvenus. Ce sont surtout mes proches qui ont une appréhension, même s'ils n'osent pas me le formuler clairement.

MS : Oui, dans le sens où on ne sait pas comment va se dérouler une manifestation. Celle-ci peut basculer d'une minute à l'autre en situation dégradée. Mais une fois sur le terrain, nous mettons en œuvre ce que nous avons appris et tout se passe très bien.

Quels liens s'établissent entre motards et forces de l'ordre dans les BRAV-M ?

JS : Une fois nos équipiers débarqués de la moto, nous sommes en liaison radio constante avec leur chef pour connaître leur position et le prochain site qu'ils comptent rejoindre. Lorsqu'ils interpellent des individus, nous attendons avec eux l'arrivée du car. Nous restons toujours groupés.

MS : Nous avons une grande confiance dans nos pilotes, qui sont des professionnels de la moto. Nous sommes complémentaires et nos déplacements avec eux sont très structurés et se font en deux colonnes qui ne se séparent jamais.

Quel premier bilan tirez-vous des BRAV-M ?

JS : Je sens que notre rôle est vraiment utile : nos interventions permettent clairement d'éviter que certaines situations ne dégénèrent trop.

MS : Ce dispositif est d'une grande efficacité, car dès qu'il y a un risque de débordement nous arrivons sur place, ce qui calme certains manifestants susceptibles ou en train de commettre des délits.

> Ce dispositif est d'une grande efficacité, car dès qu'il y a un risque de débordement nous arrivons sur place, ce qui calme certains manifestants susceptibles ou en train de commettre des délits.

Question subsidiaire à JS : au risque d'utiliser un certain cliché, participer aux BRAV-M n'est-il pas trop éprouvant pour une femme ?

JS : Après une journée en BRAV-M, hommes comme femmes pilotes sont assez éreintés. En revanche, une petite différence tient à notre taille. Les femmes qui, comme moi, ne sont pas très grandes doivent laisser la béquille en montant sur la moto car les machines des BRAV-M sont plus hautes que les autres ! Je précise encore que la présence de pilotes de sexe féminin permet d'assurer la palpation des femmes interpellées. Pour le reste, peu de choses nous différencient des hommes.
A part, peut-être, la queue de cheval sous le casque !

Positionnés sous le pont de Bondy, les motards du 93 procèdent à des contrôles de véhicules pour vérifier leur conformité à la règlementation. © PRÉFECTURE DE POLICE

17H00
OPÉRATION DE SÉCURITÉ ROUTIÈRE À BONDY (93)

Il est un peu plus de 17h00 quand le commandant Renaud Siniscalchi prodigue les derniers conseils à ses effectifs pour l'opération de sécurité routière qu'il s'apprête à lancer. La vingtaine de policiers rassemblés, motards et piétons, écoutent, concentrés, les dernières recommandations d'usage où résonnent les mots « sécurité », « contrôle appuyé » et « discernement ». Bien que ces missions soient quotidiennes et représentent le cœur de métier des agents, la vigilance doit être extrême et permanente, surtout lorsque l'on se trouve exposé sur la route sans autre protection que celle de ses collègues. Quelques minutes plus tard, tous les personnels se positionnent sous le pont de Bondy, axe stratégique situé sur la route nationale N3, écrasé par plusieurs échangeurs de l'autoroute A1. Dans ce département aussi sensible que complexe, plus que jamais, les policiers doivent faire preuve de tact, de savoir-faire et de pédagogie lors de chaque contrôle. Très rapidement, les premières infractions sont constatées. Dans une vieille Peugeot où s'entassent cinq personnes avec des enfants sur les sièges arrière, aucune ceinture de sécurité n'est mise. Impossible d'éviter la sanction. Parmi les « grands classiques », on trouve aussi les grosses cylindrées avec pots d'échappement trafiqués. En plus de générer de terribles nuisances sonores punissables par la loi, les propriétaires ne possèdent que très rarement le permis A.

Positionné un peu en retrait, rien n'échappe à l'œil du commandant qui observe son dispositif. Pour faciliter les contrôles d'identité, de cartes grises et les défauts d'assurance, de nouveaux smartphones dotés de tous les fichiers dédiés ont remplacé les tablettes NEO*. Chaque équipage est également pourvu d'une caméra placée sur le thorax qui peut être activée selon l'appréciation du fonctionnaire ; c'est une forme de garantie juridique. En amont du dispositif, un agent tient dans sa main un « stop stick », un bâton qui, une fois jeté sur la route, se transforme en herse et crève les pneus permettant l'immobilisation d'un véhicule qui essaierait de se soustraire au contrôle. Dans le sens Paris-province, un scooter vient de prendre la fuite avec deux hommes à bord. Des motards le prennent en charge, mais sur les ordres du commandant puis de l'état-major, devant la densité du trafic et la présence de nombreux piétons dans l'agglomération, la poursuite est stoppée. Mais le deux-roues poursuit sa course effrénée jusqu'à Livry-Gargan et percute une jeune fille qui traverse un passage clouté. Les fuyards sont au sol quand les motards arrivent sur les lieux de l'accident pour les interpeller. Ces derniers ne se laissent pas faire et cherchent l'affrontement. Heureusement, un policier en civil du 36, quai des Orfèvres qui passait par-là vient porter une aide providentielle à son collègue en difficulté. Ils menottent le pilote tandis que le passager prend la fuite. Il est rattrapé par une patrouille de la BAC locale. Les interpellés ont dans leurs poches des colliers fraîchement arrachés ; les vols ont été signalés quelques minutes plus tôt sur les ondes à Aubervilliers. Les policiers de la CSI 93 arrivent pour sécuriser les lieux, tandis que les pompiers embarquent la victime. Son pronostic vital n'est pas engagé.

Toujours avec un rythme soutenu et avec les mêmes missions, les équipes de nuit de la compagnie moto prendront le relais de 22h00 à 6h00, les effectifs redoublant notamment de vigilance sur les routes et les grands axes qui, débarrassés des embouteillages, sont parfois propices aux excès de vitesse et aux conduites addictives.

* Les tablettes et smatphones NEO, connectés en 4G au réseau du ministère de l'Intérieur, permettent des interrogations de fichiers lors de contrôles routiers ou d'identité.

CONTRÔLES ROUTIERS

DEMANDEZ LE PROGRAMME !

Contrôle routier. © MINISTÈRE DE L'INTÉRIEUR

Réduire le nombre d'accidents de la route dans l'agglomération parisienne, de morts et de blessés est une préoccupation quotidienne de la préfecture de Police. Cet objectif est poursuivi par deux de ses directions, celle de la direction de sécurité de proximité de l'agglomération parisienne (DSPAP) à travers l'action des commissariats et celle de l'ordre public et de la circulation (DOPC), par le biais, notamment, de sa sous-direction de la circulation et de la sécurité routières, à laquelle appartient la division régionale motocycliste. Cette sous-direction mobilise des milliers de policiers qui mènent à la fois des actions préventives et répressives pour faire évoluer les comportements sur la route. « *Nos enjeux, ce sont les usagers vulnérables. Dans toute l'agglomération parisienne en 2019, ils représentaient 86,2 % des personnes tuées et à Paris, 97 % des usagers tués* », commente le contrôleur général Françoise Hardy, sous-directrice de la circulation et de la sécurité routières. Qui sont ces usagers vulnérables ? Tous ceux qui n'ont pas de carrosserie pour se protéger : piétons, personnes handicapées en fauteuil, vélos, deux-roues motorisés et utilisateurs d'engins de déplacement personnel motorisés, dits « EDPM » (roues électriques, gyropodes, trottinettes électriques, etc.) Au sein de cette sous-direction spécialisée dans la sensibilisation des usagers aux dangers de la route et aux règles de conduite et dans les contrôles routiers (parallèlement à la fluidification de la circulation), les policiers utilisent eux-mêmes tous les modes de déplacement, du car et de la voiture jusqu'au VTT, au vélo électrique et à la trottinette en passant par le scooter et la moto bien sûr. Car les 417 motocyclistes et 229 policiers dits « piétons » (à pied) de la division régionale motocycliste, qu'ils soient basés à Paris ou dans les trois départements de petite couronne, font partie intégrante des dispositifs de lutte contre l'insécurité routière déployés dans l'agglomération parisienne.

À SAVOIR

En 2019, l'ensemble des services de la préfecture de Police ont établi + 3,7 % de contraventions et constaté + 3,2 % de délits routiers par rapport à 2018 dans l'agglomération parisienne, les plus fréquents (36 %) étant liés au permis de conduire (défaut de permis, conduite après perte totale des points, etc.) ainsi qu'à la conduite sous l'emprise d'alcool ou de produits stupéfiants (22,7 %).

5 PRIORITÉS ET UN AGENDA Comme les autres services de la sous-direction de la circulation et la sécurité routières, la division régionale motocycliste doit suivre les cinq grandes priorités de la politique de sécurité routière définies au niveau régional pour la période 2018-2022 : le contrôle des deux

Les motocyclistes répriment les manquements au code de la route, d'initiative ou dans le cadre d'opérations coordonnées sur toute l'Ile-de-France.
© MINISTÈRE DE L'INTÉRIEUR

roues motorisés, la lutte contre les accidents de piétons, la lutte contre les accidents de cyclistes et d'engins de déplacement personnel, la lutte contre la conduite sous alcool ou produits stupéfiants et la lutte contre la vitesse excessive ou inadaptée. Pour mettre en oeuvre ces grands objectifs, des dates précises de contrôles routiers sont fixées lors de la réunion de pilotage régional à laquelle participe la sous-directrice Françoise Hardy, chef de projet sécurité routière pour la préfecture de Police : « *Plusieurs jours (ou nuits) par mois, sur des plages horaires communes et des zones complémentaires de la région, nous organisons des opérations coordonnées de contrôles routiers impliquant l'ensemble des effectifs de la préfecture de Police concernés, mais également les CRS autoroutières et la gendarmerie nationale* ». Ces contrôles, auxquels la division régionale motocyclistes, motards comme « piétons » de Paris et de petite couronne, participent, peuvent être ciblés sur les conduites sous l'emprise d'alcool et de stupéfiants, sur la vitesse, etc.

La prévention routière constitue une part importante de l'activité de la division régionale motocycliste en matière de lutte contre l'insécurité routière.

Chaque semaine, en complément de ces contrôles collectifs, tous les policiers de la sous-direction de la circulation et de la sécurité routière doivent suivre un programme précis de contrôles routiers particulièrement ciblés sur certains usagers (cyclistes, EDPM, deux roues, poids lourds…) ou sur des conduites délictuelles (oreillettes au volant, fausses cartes handicapé, etc.). « *A partir de ces thèmes, les effectifs locaux ont la liberté de choisir leurs lieux de contrôles. Ils peuvent aussi en faire d'autres, de leur propre initiative* », explique Françoise Hardy. Les compagnies territoriales de circulation et de sécurité routière des Hauts-de-Seine, de Seine-Saint-Denis er du Val-de-Marne doivent conjointement suivre les objectifs définis localement par le préfet de leur département.

D'UN DEUX-ROUES À L'AUTRE La rapidité de la moto et sa capacité à se glisser dans le flot de la circulation incite les motards de la division régionale motocycliste à se spécialiser dans les contrôles de deux-roues motorisés, motos ou cyclomoteurs. À eux seuls, les effectifs de la division régionale motocycliste ont ainsi effectué 15,4 % du total des infractions (127 904) effectué à l'encontre de deux roues motorisés par la préfecture de Police en 2019 pour excès de vitesse, franchissement de feu rouge, circulation dans les couloirs de bus ou sur les trottoirs, défaut de permis ou d'assurance, non port de gants ou de gants homologués, etc. Les motards ont aussi une facilité particulière pour approcher et contrôler les poids lourds en circulation. La DRM comporte d'ailleurs un pôle spécialisé dans la réglementation afférente à ce type de transports et référent au niveau national au sein de la compagnie territoriale du Val-de-Marne. La quasi-totalité des contrôles de poids lourds du point de vue de la réglementation leur revient également. La prévention routière constitue une part importante de l'activité de la division régionale motocycliste en matière de lutte contre l'insécurité routière. Les quatre compagnies comportent chacune une unité de prévention routière qui aménage des pistes d'éducation routière dans les établissements scolaires et sensibilise les entreprises et associations au moyen d'une panoplie d'outils comme les simulateurs de conduite et les lunettes adaptant la vision comme après une prise d'alcool.

LA COMPAGNIE DE CIRCULATION ET DE SÉCURITÉ ROUTIÈRES 92

La CTCSR 92 à Nanterre, devant la salle de spectacle *Paris La Défense Arena*, à deux pas de la Grande Arche. © PRÉFECTURE DE POLICE

Placée sous le commandement du capitaine Joffrey Fauquembergue, la CTCSR 92 est située dans le bâtiment principal de la préfecture des Hauts-de-Seine à Nanterre. Ses 81 effectifs dont 44 motocyclistes et 32 « piétons » disposent de 42 motos (dont une vingtaine dédiées aux missions de BRAV-M) et de 15 véhicules. Elle assure la diversité des escortes dévolues aux motocyclistes, avec quelques spécificités départementales. Ses motards renforcent notamment les escortes présidentielles vers l'aéroport de Vélizy-Villacoublay et assurent celles de la COTEP* (compagnie de transferts, d'escortes et de protection) pour le transfert des détenus dangereux entre la maison d'arrêt de Nanterre, les hôpitaux, les tribunaux ou l'OCTRIS (office central pour la répression du trafic illicite de stupéfiants). Ils ouvrent également la voie aux véhicules sanitaires acheminant des victimes d'accident de la route vers l'hôpital de Percy, spécialisé dans les grands brûlés.

En termes de circulation, la CTCSR 92 gère chaque année le dispositif spécifique mis en place lors des cérémonies nationales commémoratives de l'appel du 18 juin 1940 au Mont Valérien. Depuis l'ouverture, en 2017, de la plus grande salle de spectacle d'Europe à Nanterre, *Paris La Défense Arena*, elle pilote aussi celui déployé lors des concerts rassemblant plus de 20 000 spectateurs, une trentaine de fois par an. En matière d'ordre public, ses effectifs sont appelés à renforcer les missions des motards parisiens lors des nombreuses manifestations se déroulant dans la Capitale et contribuent fréquemment aux BRAV-M. Ils participent à tous les contrôles routiers régionaux ainsi qu'à des opérations conjointes avec d'autres services : contrôles des poids lourds avec la CTCSR 94, contrôles de vitesse ou des conduites addictives avec la CRS Nord sur l'A15 ou avec la CRS Sud sur l'A13, etc. La CTCSR 92 comprend en outre un pôle spécialisé dans le contrôle des taxis et des VTC au titre des professions réglementées, une unité radar dressant plus de 40 000 verbalisations par an et une unité « piste d'éducation routière » formant 4 300 élèves par an à la conduite d'un vélo, au permis piéton et menant des actions de sensibilisation aux risques liés à l'utilisation des trottinettes électriques. Enfin, comme les autres CTCSR, elle organise de nombreuses séances de sensibilisation au règles de la sécurité routière en faveur du grand public, des élèves des établissements scolaires et universitaires et des employés des entreprises publiques et privées. AC

À SAVOIR

En forme de croissant à l'Ouest de Paris, le département des Hauts-de-Seine abrite plus d'1 600 000 habitants sur une superficie de 176 km², soit la deuxième plus grosse densité de population en France pour un département (environ 9 143,8 habitants par km²). Il comprend le plus grand pôle d'affaires d'Europe, La Défense, et la majeure partie de la population et de l'emploi de l'agglomération parisienne. En termes socio-économiques, le département est très contrasté entre les villes du centre au revenu moyen ou élevé et celles de la Boucle Nord abritant des zones de pauvreté.

* voir art.p 56

LA COMPAGNIE DE CIRCULATION ET DE SÉCURITÉ ROUTIÈRES 93

Les effectifs de la compagnie motos 93 devant le Stade de France. © PRÉFECTURE DE POLICE

La compagnie de circulation et de sécurité routières de Seine-Saint-Denis dirigée par le commandant de police Renaud Siniscalchi, est composée de cent effectifs: 40 motards, 50 piétons et une dizaine de personnels affectés sur des missions supports et administratives. Elle dispose de 30 motos sérigraphiées « police » et 20 motos BRAV-M. Si les zones de Roissy/Le Bourget impliquent à elles seules la mobilisation d'un équipage motocycliste à temps plein pour assurer la fluidité de la circulation, garantir certaines escortes, lutter contre les incivilités et le comportement d'autres conducteurs qui ne respectent pas les espaces dédiés à la dépose rapide à proximité des aéroports, l'autre principal sujet d'activité pour le commandant et ses hommes sont les zones sensibles du département. Au-delà des contrôles routiers et des opérations de lutte contre la délinquance routière, la multiplication des guet-apens pousse parfois le commandant à repenser ses dispositifs de sécurité pour ses hommes à moto, forcément plus exposés que des collègues protégés par la carrosserie d'une voiture. Pour éviter les traquenards, il faut avoir une connaissance parfaite de la topographie et les anciens fonctionnaires se doivent pour cela de former les plus jeunes et les nouveaux arrivés. Les embranchements de l'autoroute A1 à la porte de la Chapelle ou avec la Nationale 1 sont eux-aussi des points sensibles qu'il convient de contrôler quotidiennement pour contrer les phénomènes de délinquance comme les vols à la portière.Enfin, la compagnie compte sur une unité de prévention routière, souvent sollicitée par le rectorat et les entreprises locales pour dispenser des journées de formation très prisées. **SB**

À SAVOIR

Créé le 1er janvier 1968, le département de Seine-Saint-Denis est situé au Nord-Est de l'agglomération parisienne. Son chef-lieu est Bobigny. Il abrite un peu plus d'un million six cent mille habitants pour une superficie de 236 km², avec une densité de 6878 habitants/ km². Le département accueille également le Stade de France, le plus grand de France avec ses 80 698 places.

Le département dispose de plusieurs grands pôles économiques emblématiques: la zone aéroportuaire de Paris-Charles-de-Gaulle (située à Tremblay-en-France), le Parc des expositions de Paris-Nord-Villepinte, la zone de la Plaine Saint-Denis, principal pôle d'activités de Seine-Saint-Denis (tertiaire de bureaux, recherche, universités, activités industrielles et logistiques), le secteur de l'aéroport du Bourget, ou encore le secteur de Montreuil - Rosny-sous-Bois - Bagnolet, pourvu d'activités tertiaires avec de grands complexes de bureaux et centres commerciaux (Montreuil et Bagnolet, Rosny 2, Domus...).

LA COMPAGNIE DE CIRCULATION ET DE SÉCURITÉ ROUTIÈRES 94

Une partie des effectifs motorisés de la compagnie motos 94. © PRÉFECTURE DE POLICE

Dirigée par le capitaine Thierry Meyer, la compagnie, créée en 1971, est basée à l'Hôtel de police de Créteil. Elle est composée de 110 policiers : 45 motards et 65 piétons et dispose d'un parc roulant fourni, composé de 40 motocyclettes sérigraphiées, 20 motocyclettes banalisées destinées aux missions de sécurisation, ainsi que 10 véhicules légers et fourgonnettes sérigraphiées. Leur quotidien repose sur la sécurité routière, les contrôles, la circulation et les patrouilles. Avec l'aéroport d'Orly, il faut prévoir des patrouilles et des effectifs en permanence de six heures à minuit, que cela soit pour assurer la fluidité de la circulation, mais aussi garantir la sécurité. En plus des brigades « classiques » (deux brigades de jour, une brigade de nuit, chacune comprenant 25 policiers), la compagnie s'appuie sur une unité spécialisée pour les contrôles des transports routiers. Celle-ci est composée de 7 fonctionnaires, tous experts dans ce domaine. Ils interviennent sur l'ensemble de l'agglomération parisienne et assistent d'autres services, notamment pour contribuer aux constatations d'accidents graves mettant en cause des transporteurs routiers.

Cette compagnie de la petite couronne parisienne est également confrontée aux problématiques liées à la présence de nombreux secteurs réputés sensibles et s'est adaptée pour assurer ses missions en conséquence. Enfin, une unité spécialisée dans l'éducation et la sécurité routière va régulièrement à la rencontre du public : enfants, collégiens, et personnels d'entreprises, pour dispenser des séances d'information et de sensibilisation. Elle gère également les journées d'alternative à la sanction. Enfin, comme les autres compagnies régionales, toutes les brigades sont susceptibles de venir à Paris pour prêter main forte lors de manifestations et grands rassemblements, notamment sous la configuration BRAV-M. **SB**

À SAVOIR

Le Val-de-Marne, créé en 1968, compte un million quatre cent mille habitants pour une superficie de 245 km² avec une densité de 5665 habitants par km².

Le chef-lieu des Val-de-Marnais est Créteil. Parmi les secteurs incontournables de ce département, on compte les bords de Marne avec ses guinguettes et ses îles, le lac de Créteil et son plan d'eau d'environ 40 hectares ou encore plusieurs châteaux comme celui de Vincennes et de Grosbois. Le secteur d'Orly constitue un point d'activité non négligeable.

La conduite sur circuit permet de tester les limites de la moto et d'affronter la peur de la vitesse.
© MINISTÈRE DE L'INTÉRIEUR

UNE FORMATION EXIGEANTE

Pour devenir policier motocycliste, il y a un passage obligé : le centre national de formation motocycliste (CNFM) de Sens, dans l'Yonne. C'est ici que les futurs motards acquièrent le savoir-faire indispensable à l'exercice de leurs missions et qu'ils viennent l'entretenir en formation continue. AC

Bienvenue dans le centre incubateur des motards de la police française. Avec ses différents parcours, ses espaces d'entraînement réservés, ses 290 motos tout-terrain, banalisées et sérigraphiées, sa trentaine d'encadrants dont 16 formateurs spécifiquement formés, reconnus pour leur expertise par la délégation à la sécurité routière, le centre de formation motocycliste de Sens est une structure unique en France. À cet arsenal de moyens s'ajoutent les équipements partagés avec l'école de police locale (stand de tir, gymnase, salles de cours, amphithéâtre, etc), implantés sur un site commun de 6 hectares. Comme le précise le commandant Laurent Gaubert, directeur du centre, « *Les stagiaires accueillis en formation initiale rassemblent tous ceux qui veulent devenir motocycliste généraliste à la division régionale motocycliste (préfecture de Police), mais aussi dans toutes les directions d'emploi de la Police nationale, sans compter ceux qui veulent acquérir les fondamentaux pour travailler plus tard dans les services spécialisés amenés à utiliser des motos banalisées* ».

> On débute par quatre semaines de tout-terrain dans les bois, avec des parcours jalonnés d'arbres, de creux et de bosses, de cours d'eau, par tous les temps : boue, neige, etc.

Si la durée des stages varie selon les besoins, la formation initiale des motards, la plus exigeante, s'étale sur 14 semaines. Mais avant de pouvoir en bénéficier, il faut commencer par réussir la semaine de sélection comportant six épreuves (connaissance de la réglementation routière, parcours d'habileté motrice, test d'aptitude physique professionnelle et bien sûr épreuves techniques moto). En effet, seuls les candidats ayant obtenu la moyenne sont jugés aptes à suivre la formation. Précisons qu'à la base, il faut être gardien de la paix ou brigadier titulaire, posséder le permis moto A (ou A2 sous réserve d'avoir plus de 24 ans), un certificat médical d'aptitude à la conduite des motos et accepter de servir pendant six ans en unité motocycliste, dont deux ans dans son premier poste d'affectation. « *A la fin de la semaine, près de la moitié des élèves sont éliminés* », commente Laurent Gaubert (50 retenus sur 91 aux dernières sélections qui se sont déroulées du 3 au 7 février 2020).

UNE MAÎTRISE OPTIMALE DE LA MOTO Pour les rescapés de cette première sélection commence alors la formation officielle, longue de 14 semaines intensives, la première moitié étant consacrée à l'apprentissage approfondi de la moto. « *On débute par 4 semaines de tout-terrain dans les bois, avec des parcours jalonnés d'arbres, de creux et de bosses, de cours d'eau, par tous les temps : boue, neige, etc.* », illustre Laurent Gaubert. Vient ensuite le «roulage», qui consiste à évoluer en formation, en liaison radio avec un instructeur sur des motos civiles basiques, et les exercices de « plateau » sur des itinéraires matérialisés au moyen de cônes et de

La formation débute par 4 semaines de tout-terrain dans les bois. © MINISTÈRE DE L'INTÉRIEUR

Les futurs motards s'entraînent aux escortes de véhicules sanitaires. © MINISTÈRE DE L'INTÉRIEUR

bombes à peinture destinés à mettre à l'épreuve le maniement de la moto et le sens de l'équilibre du policier. Le dernier module se déroule sur le circuit de la Ferté-Gaucher, où les futurs motards peuvent tester en toute sécurité le comportement de leur moto à ses limites d'utilisation, sur l'angle (dans les virages), en adhérence dégradée (sur chaussée glissante), etc. Ils testent aussi leurs propres limites, pour affronter notamment leur appréhension de la vitesse.

LES BASES DU MÉTIER Durant les 7 semaines suivantes, les participants se préparent à leur future profession : « *A présent libérés des contraintes techniques de la moto, les élèves apprennent à se concentrer sur les instructions reçues par radio et à observer leur environnement* », explique Laurent Gaubert. C'est au cours de cette phase qu'ils peuvent rouler en conditions réelles sur des motos sérigraphiées police, c'est à dire beaucoup plus lourdes et puissantes, et qu'ils apprennent à circuler entre les files de voiture, à faire demi-tour dans une rue étroite, à négocier un virage, c'est à dire toutes les techniques qui leur serviront au quotidien, en respectant leur sécurité et celle des autres usagers. Au programme également, les exercices d'escortes de véhicules sanitaires : « *Nous les entraînons à jouer le rôle d'estafette (celui qui part devant pour dégager la route) et de régulateur (celui qui guide au plus près le véhicule escorté) avec des mises en situation pour leur inculquer le réflexe d'allumer les feux et avertisseurs sonores de leurs engins, les fameux gestes du motard, les positionnements sur la moto pour ouvrir la voie aux carrefours, les distances de sécurité à respecter, etc.* » Une séance spéciale les initie aussi aux escortes de personnalités. Mais attention, malgré la densité de l'apprentissage, rien n'est acquis. Pour avoir le droit d'exercer la profession de policier motocycliste, encore faut-il obtenir la moyenne générale aux 20 épreuves de contrôle continu : tout-terrain, escortes, circuit, code de la route, contrôle routier, etc. « *Dès le stade des sélections, le niveau d'exigence est donc très élevé* », commente Laurent Gaubert, qui rappelle qu'en 2019, sur les 197 candidats qui se sont présentés aux deux premiers tests de sélection de l'année, seuls 85 nouveaux motocyclistes ont été affectés en service (dont 64 à la préfecture de Police), soit 43 %.

DE NOUVEAUX MOTARDS POUR LA PRÉFECTURE DE POLICE L'an dernier, un troisième stage de formation initiale a été spécifiquement mis en place par le CNFM pour les candidats se destinant à la division régionale motocycliste de la préfecture de Police, tant ses besoins en effectifs sont croissants* : « *Pour ce stage spécial, 38 candidats se sont présentés en novembre 2019 et 19 sont sortis le 14 février 2020, tous affectés aux compagnies motocyclistes de la rue Chanoinesse* », précise le directeur. Pour les motards affectés à la division régionale motocycliste, la formation se poursuit par deux semaines supplémentaires d'adaptation au contexte spécifique de la région parisienne, dispensées cette fois par le centre de Chevilly-Larue (94), qui les entraîne au cœur de la réalité urbaine. On leur fait découvrir la topographie de Paris et celle de l'agglomération parisienne, en particulier les sites où ils auront à effectuer des escortes (hôpitaux, Assemblée nationale, etc.), tout en les habituant à rouler dans une circulation très dense. Ces stages comprennent aussi désormais une formation aux BRAV-M, créées en 2019. Un véritable parcours du combattant !

* En attendant leur formation au centre national de formation motocycliste de Sens, 60 candidats souhaitant devenir motards à la préfecture de Police ont été accueillis par la division régionale motocycliste, où ils exercent des missions de contrôle routier «à pied». Cette expérience consolide leurs connaissances en réglementation routière et constitue une préparation efficace aux tests de présélection organisés par l'école moto.

Libérés des contraintes techniques de la moto, les élèves apprennent à se concentrer sur les instructions reçues par radio et à observer leur environnement.

LES INSOLITES DE LA COMPAGNIE MOTO

La clef du garage de la compagnie dans son coffrage réalisé par un collègue motard et... menuisier. © PRÉFECTURE DE POLICE

Depuis 1920, les policiers à moto de la préfecture de Police brûlent inlassablement le bitume de Paris et des départements voisins pour garantir la sécurité routière et assurer certaines escortes. Au début du siècle dernier, ils partirent neuf ; mais par un prompt renfort, ils se virent en 2020, plus de quatre cents sur leurs engins sonores. Á l'occasion de leur centième bougie, voici quelques informations insolites, sur ces as de la conduite. **SB**

LA CLEF DES CHAMPS En 1945, la compagnie moto et ses 180 policiers intègrent les 3 600 m² du 18-20 de la rue Chanoinesse dans le 4ᵉ arrondissement. Ce garage devient le siège du service et remplace le 64, boulevard de l'Hôpital situé dans le 13ᵉ arrpndissement où les motards avaient pris leurs quartiers en 1930. Depuis, à chaque pot de départ à la retraite, le plus ancien de la compagnie remet la clef du garage au plus ancien toujours en poste.

TRADITION QUAND TU NOUS TIENS Á la Libération de Paris, la compagnie moto se voit remettre un fanion avec son emblème brodé, un motard casqué sur sa machine, assorti d'une croix de Lorraine en arrière-plan. Un autre modèle est confectionné et va devenir l'emblème de la compagnie. Récemment restauré par la prestigieuse Manufacture des Gobelins, ce fanion cousu de fil d'or figure systématiquement sur la première moto qui forme le V des escortes de prestige.

Le logo créé pour l'installation des ruches sur le toit du garage Chanoinesse de la compagnie motocycliste.

DES ABEILLES QUI FONT LE BUZZ C'est par une matinée ensoleillée du mois de septembre 2018 que le toit de la compagnie motocycliste a accueilli de nouvelles locataires : des abeilles. Désormais, le garage de la rue Chanoinesse situé dans le 4ᵉ arrondissement abrite, en plus de la compagnie, des ruches ayant une vue imprenable sur Paris et notamment la cathédrale Notre-Dame sur le toit-terrasse de 1250 m². Cette installation marque le début de l'implantation d'un potager partagé pollinisé par des abeilles, un projet de bien-être au travail valorisant l'engagement de la préfecture pour la biodiversité. Cette démarche éco-responsable s'effectue en partenariat avec différents prestataires externes, notamment pour le financement des ruches, les carrés potagers étant construits à l'aide de matériaux recyclés : palettes, pneus de motos... Les ruches sont certifiées « agriculture biologique » et sont entretenues par des agents volontaires des compagnies motos. Les deux ruches contiennent chacune 45 000 abeilles, permettant une récolte entre avril et juillet de 15 à 30 kg de miel. Grâce à un système de défense élaboré, les butineuses n'ont pas souffert de l'incendie de la Cathédrale. Les abeilles sont des « buckfast », produit d'un croisement réalisé par le Frère Adam à l'Abbaye de Buckfast au Royaume-Uni au siècle dernier. Ce moine Bénédictin, notamment chargé de la miellerie, est considéré encore aujourd'hui comme le meilleur généticien mondial dans le domaine de l'apiculture.

LA MAIN SUR LE CŒUR « Les motards sont sympas », et les policiers de la compagnie motos ne dérogent pas à cet adage. Chaque année, ils sont régulièrement sollicités par de nombreuses associations, comme l'association Louis Carlesimo créée en 1982 par Honoré Carlesimo pour apporter une aide psychologique et matérielle aux enfants gravement malades. La compagnie a notamment parti-

Le fanion restauré
par la Manufacture
des Gobelins.
© PRÉFECTURE DE POLICE

Escorte du Père Noël le 25 décembre dans Paris devant l'Opéra Garnier. © YANNICK BOSCHAT

cipé à une levée de fonds exceptionnelle de trois millions d'euros en 2009 en réalisant un clip avec de nombreuses stars du sport pour la construction d'une maison des parents à l'hôpital d'enfants de Margency (95) avec la Croix-Rouge française.

UN PÈRE NOËL SOUS BONNE ESCORTE Chaque année à Noël, le 24 décembre au soir et le 25 décembre au matin, une étrange escorte quitte le garage Chanoinesse de l'Île de la Cité pour traverser Paris et ses axes les plus touristiques : les Grands Boulevards avec ses magasins illuminés, le quartier de l'Opéra, la place de la Concorde et bien entendu, les Champs-Elysées ; au milieu du cortège, point de ministre ou de président, mais le père Noël en personne, confortablement installé dans un side-car d'époque, modèle ST-1960, attelé à une BMW R60/2. Si entre 1966 et 1984 l'engin servait à transporter les motos en panne ou accidentées de la préfecture, il permet désormais à la compagnie de sillonner la Capitale et de laisser la possibilité aux curieux, enfants ou badauds de faire une photo souvenir avec Saint-Nicolas.

COMME À LA PARADE Créée en 2010 et composée d'une vingtaine d'effectifs, la section d'honneur de la compagnie moto n'est pas une unité permanente, mais elle intervient lors de grands événements festifs pour mettre en avant la virtuosité des pilotes. Á 12 engins sur un terrain de 30 à 60m², l'équivalent d'un terrain de handball, les pilotes produisent durant une dizaine de minutes, un spectacle où s'enchaînent les prouesses les plus folles comme la croix de Saint-André, avec deux équipages de 6 policiers qui s'entrecroisent à 40 km/heure. De l'aveu de ces acrobates, la figure la plus périlleuse étant de se mettre debout ou en amazone sur un engin qui dépasse les 250 kilos. Les motards de la préfecture de Police ont décidément des talents insoupçonnés !

Représentation de la section d'honneur dans la cour de la préfecture de Police lors des journées européennes du patrimoine, en 2015. © PRÉFECTURE DE POLICE